*P*ARA CUA
PREGUNTADO A1
REALMENTE EXISTEN, AQUI HAY RELATOS
VERIDICOS E INSPIRADORES.

ROCE DE UN ALA DE ANGEL

CHARLIE W. SHEDD

EDITORIAL
UNILIT

Publicado por
Editorial **Unilit**
Miami, Fl. 33172
© 1995 Derechos reservados

Primera edición 1995

Copyright © 1994, por Charles W. Shedd
Publicado en inglés con el título de:
Brush of an Angel's Wing por Vine Books, división
de Servant Publications, Ann Arbor, Michigan

Traducido al español por: Silvia B. Fernández

Citas Bíblicas tomadas de la versión Reina Valera,
Revisión 1960 © Sociedades Bíblicas Unidas, y
La Biblia de las Américas
© The Lockman Foundation 1986
La Habra, California
Usadas con permiso .

Producto 498388
ISBN-1-56063-902-4
Impreso en Colombia
Printed in Colombia

CONTENIDO

Credo
de los que creen en los ángeles

*«Creo en un Dios de amor,
cuyos ángeles nunca están muy lejos.
Por lo tanto, aunque en ocasiones
las cosas parecen ser contrarias,
creo que tanto el universo como mi vida
se están desenvolviendo como debe ser,
y todo va según lo planeado.»*

Capítulo

UNO

Alerta a las
sorpresas alegres

Dios está esperando todo el tiempo,
junto con sus santos toques de codo,
santos susurros,
santas sorpresas,
santos ángeles.

La dama y su caballo

NECESITO VERLO ahora mismo!»

Era una voz dolorosa en el teléfono y obviamente perturbada. Así que acordamos un horario. Esa tarde, mientras ella atravesaba por mi puerta, su presencia desplegaba verdadera clase. Atractiva, inteligente, una joven profesora de la Universidad de Houston que estaba trabajando ya en su doctorado. Sin embargo estaba molesta, y venía a verme porque era una lectora asidua de mi columna en el diario *The Houston Post*.

—Esta mañana —comenzó diciendo, —me sucedió la cosa más extraña. Eran alrededor de las 2:00 de la madrugada, cuando de pronto me desperté, sobresaltada. Prendí las luces y busqué alrededor. Tenía este ruido agudo en mis oídos, como el de un caballo relichando—.

Continuó diciendo que ella es dueña de dos caballos, pero que los mantiene en un campo que se encuentran a poco menos de diez kilómetros de su apartamento. Era oriunda del oeste de Tejas, y había crecido entre caballos. Ella y sus caballos, me dijo, eran muy unidos.

Esa madrugada, cuando se acabó el sonido, dijo que apagó las luces y se volvió a acostar. Pero en unos pocos minutos escuchó el relincho de nuevo. Esta vez ella se sentó en la cama y esperó. El sonido volvió por tercera vez –más alto, más claro.

Por supuesto, ella pensó en sus propios caballos, los que tenía en el campo. Inmediatamente pensó que debía ir a verlos: «Pero, ¡qué tonta! ¿Estaré perdiendo la razón? ¡Son las dos de la mañana!», se preguntó.

Aun así, ella sabía que tenía que ir. Así que se vistió, llamó al guardia de noche para que le trajese su auto y manejó hasta el lugar.

—Por favor, no diga una palabra hasta que termine el relato —me dijo, para continuar. —Todo parecía tan imposible. Cuando llegué allí, encontré a mi yegua palomino de pie entre cables rotos, relinchando con todas sus fuerzas. Había otros caballos en la misma situación. Parecían percibir que lo recomendable era un «no te muevas y pide ayuda»—.

La yegua se quedó quieta mientras su dueña desenredaba los amenazantes cables. Mientras le hablaba, calmándola, la dejó libre. Le puso luego un poco de bálsamo para las cortaduras superficiales y luego regresó a su casa y a su cama.

—¿Qué cree que sucedió? —me preguntó con su dulce acento tejano. —Realmente no pude haber escuchado a mi caballo a través de los sonidos de la noche, el sonido de la carretera, el ruido de una ciudad como esta. ¡Y los caballos están a casi diez kilómetros de distancia! ¿Qué piensa que sucedió? —me preguntó.

Yo no me reí, sino que seguimos conversando. Le conté algunas de mis experiencias poco usuales, y luego le respondí lo que en el momento pensé que había sucedido.

Pero antes de que yo escriba aquí lo que le dije a ella, dígame, ¿qué cree *usted* que sucedió allí?

Todas las noches, alrededor de la mesa de cenar de la familia, tenemos un ritual divertido al que llamamos «cosas interesantes». Cada uno de nosotros comparte alguno de los eventos del día. Es un momento emocionante, a veces hasta cómico. Quizás un suceso sombrío, algo pesado. Cuando llegó mi turno esa noche, yo les conté sobre el caballo relinchón. Luego le pregunté a esta colección de personas interesadas: «¿Qué piensan que sucedió?»

Ellos estuvieron en silencio por un momento. Algo poco usual para nuestra familia de siete. Al fin Peter rompió el silencio. (En la actualidad él es un profesor de universidad, y ya a los doce era todo un filósofo.) «Papi», me dijo, «o la joven está mintiendo, o Dios le dijo que fuera a ver a su caballo.»

Como era de esperar, ellos me preguntaron qué fue lo que yo le respondí. Así que les conté mi respuesta exactamente de la forma que se la di a la joven mujer:

Creo que el Dios que nos creó no nos ha abandonado. En su amor El está constantemente tratando de alcanzarnos, guiarnos y dirigirnos. O quizás desea avisarnos, desviarnos, quizás llevarnos a un receso abrupto para nuestro propio bien. Creo que alrededor nuestro, en todo tiempo, sus ángeles están esperando para dirigirnos. ¿Y por qué razón? Porque El nos ama.

Entonces, ¿por qué no experimentamos sus bendiciones más a menudo? ¿Será porque estamos muy ocupados, muy preocupados, tratando de correr con nuestras propias vidas?

Sin embargo, todo el tiempo, El está esperando con sus santos toques de codo, santos susurros, santas sorpresas. El siempre desea bendecirnos, usarnos, amarnos con lo maravilloso de su amor.

Pero, ¿dónde estaban los ángeles?

P ERO ¿DONDE ESTABAN los ángeles en la historia de la joven? Ella no había visto a ninguno, ¿verdad? ¿Los vio usted?

No; ella no los vio. Sin embargo, esa es la forma exacta en la que los ángeles hacen las cosas. Y cuando estudiamos a los ángeles de la Biblia, vemos esto con claridad: ellos no están buscando publicidad o visibilidad. Aparentèmente todo lo que tienen en mente es hacer su trabajo. En ocasiones es en forma completa detrás de bastidores, a veces tan cerca nuestro que nos parece sentir sus respiraciones.

En otras ocasiones parecen enviar sus bendiciones desde lejos. Desde el otro lado del pueblo. A lo largo de las líneas del estado. A lo largo de los continentes. A lo largo de los campos, así como de las carreteras congestionadas. En ocasiones lo hacen a la velocidad de la luz. En otras es tan lento que pensamos que nunca van a llegar.

Esa es la forma en que trabajan los ángeles. Ellos operan a su manera, no a la nuestra. O más bien, ellos hacen las cosas para Dios, *a la forma de El.*

Es por todo esto que me gusta la frase, el *roce de un ala de ángel.*

Algunas de las historias que estará leyendo son como la de la dama y su caballo. Nadie pensó en ningún momento en los ángeles hasta que todo había pasado. Entonces a la mente lógica le surgen estas preguntas: ¿Cómo pudo suceder? ¿Intervención divina? ¿Qué está sucediendo aquí? ¿Angeles?

Su episodio menos usual

«CUÁL HA SIDO SU EXPERIENCIA más inusual?» Haga esta pregunta en cualquier reunión de amigos. Si este es uno de los momentos que tienen juntos de descanso, van a tener un gran tiempo.

«Yo conocí a alguien que verdaderamente hizo una gran diferencia.»

«Esa llamada telefónica vino en el momento correcto.»

«¡Oh, sí!, y el cheque inesperado no podía haber sido más oportuno.»

«Aquel evento encajó con el otro, como si lo hubiésemos planeado, sin saberlo. Casi no lo podíamos creer.»

«Había decidido mudarme allí, pero en lugar de eso vine a este lugar. ¡Piensa en lo que me hubiera perdido de no haber hecho el cambio!»

«Pero, ¿eso no funciona de ambas maneras? Deberíamos haber ido, pero al final no fuimos. Sin embargo nos quedamos tranquilos. Luego escuchamos ciertas cosas que nos alegraron muchísimos de no haber ido.»

«Nunca me olvidaré de cómo un aviso inesperado nos salvó la vida. No estoy seguro de qué fue. ¿Un ruido repentino? ¿Una sensación? ¿Un movimiento? Me supongo que algo de eso, pero nunca lo sabré con certeza. A menudo me he preguntado: "¿Sería un ángel?"»

«Fue nuestro primer día en la clase, y todo el mundo había dicho que ella era la profesora más aburrida de la universidad. Sin embargo, ella y yo fuimos como las mejores amigas, desde el principio. Y por causa de ella, estoy en un tema emocionante, el cual nunca se me hubiera ocurrido tomar.»

«Permítame contarle sobre la pequeña perra que vino a nuestra puerta una noche. Nosotros no queríamos un perro, pero nos quedamos con ella, ¡y qué bueno que lo hicimos! El bombero dijo que de no ser por el ruido que ella armó, nunca hubiéramos salido a tiempo.»

«Ruthie, no puedo creer que te conociera cuando lo hice. Me encontraba a punto de cometer un serio error. Eso fue treinta años atrás. Gracias, Ruthie. ¡Gracias, Señor!»

«Y gracias por su sonrisa, Sr. Extraño. ¿Cómo sabía que necesitaba una sonrisa precisamente en ese momento?»

Ladra, ladra pequeño perro. Suenen, ustedes los teléfonos. Tráigannos esas cartas, ustedes los carteros. Y sigue, y sigue. Grandes cosas. Cosas pequeñas. Cosas muy pequeñas como una línea de un libro, la estrofa de un himno, el sonido de un pájaro afuera de la ventana.

¿Cómo debemos llamarlo? ¿Casualidad? ¿Coincidencia? ¿Suerte? ¿Destino? ¿Y si no son los carteles correctos, qué letreros deberíamos usar? Prefiero tenerlo por el *roce de un ala de ángel.*

Setenta y ocho

T ENGO SETENTA Y OCHO años de edad, y esa es una edad extraordinaria.

Algunas personas dicen que eso es «viejo», y algunos días pienso que tienen razón. Sin embargo, la mayoría de las veces amo el tener setenta y ocho. Siga viviendo y lo sabrá por sí mismo. Sabrá más de lo que ha sabido: sobre usted mismo, sobre los demás, y sobre el Señor con el que ha vivido.

Por casi sesenta años he tenido la alegría de amar a las personas siendo su pastor. Ahora tengo la alegría de amar como autor.

Puesto que soy escritor, también soy invitado a distintos lugares, sean estos cercanos o distantes, para compromisos de oratoria. En seminarios, talleres, conferencias, iglesias, colegios, sitios militares, a toda edad y tipo. En ocasiones hablo sobre los ángeles. Entonces nos ponemos a charlar, y de estas discusiones escucho cientos de historias sobre ángeles. Las escucho directamente desde donde han sucedido, y me hacen pensar; pensamientos de hoy y de ayer.

Cuando usted tiene setenta y ocho puede que le suceda algo interesante a su memoria. Puede ser que ya no se acuerde de las cosas recientes de la manera en que ocurría antes. Puede ser también que sus pies se detengan frente a la escalera, preguntándose: «¿Acaso acabo de bajar las escaleras, o iba a subir para algo?»

Cuando eso suceda, espero que pueda reírse de sí mismo. Pero junto con esos momentos vienen otros, cuando usted estará diciendo: «Mira lo bueno que es el Señor». A los setenta y ocho me trae de nuevo por el camino que he viajado. Tantas cosas que casi había olvidado vienen a encontrarse conmigo nuevamente. En forma clara, exacta, en detalles hasta el minuto, y vienen a decirme: «¿Te acuerdas de mi?»

Cuando eso comenzó a sucederme, yo tomé esta decisión: «Antes de ir al cielo hay algunas cosas que me gustaría compartir con mi familia, con mis amigos, con mis lectores». ¿Por qué tenemos que dejar este lugar algunos de nosotros, con más años en la fe, sin pasarle a otros lo que sabemos? Así que decidí escribir *Roce del ala de un ángel*.

Escuchamos mucho en nuestros días sobre la iglesia del Nuevo Testamento. Sin embargo, me pregunto qué sucedería si todos los hijos de Dios hoy día realmente *creyeran* como la iglesia del Nuevo Testamento lo hacía. Ellos creían que podían conocer al Señor personalmente; podían caminar con El en la calle. En momentos horrendos El mandaría a sus ángeles, y los libraría de sus cadenas. Les daría las palabras que necesitaban mientras se ponían de pie frente a los jueces. El también les diría cuándo seguir, cuándo retroceder y cuándo quedarse quieto y esperar.

¿Por qué podían creer ellos de esta forma? Podían hacerlo porque creían que con el Espíritu Santo, *Dios estaría con ellos todo el tiempo*. ¿Por qué los cristianos de nuestra época moderna y científica no pueden experimentar los misterios de Dios, de la misma forma en que lo hacían las personas de los tiempos de la Biblia? ¿No dijo Jesús, acaso, que debíamos hacerlo así? ¿No piensa que El desea que nosotros tengamos ese tipo de fe actualmente?

Sin embargo, mientras más me acerco al ocaso de la vida, más seguro estoy de esto también. Ser un creyente del Nuevo Testamento no es un asunto de creer solamente. *Este tipo de vida es una forma de consciencia.* Es una forma de vida que se capitaliza en las bondades de Dios. Esto celebra la realeza de Dios, y se sostiene asombrado en extremo por las formas que El obra en nuestras vidas cuando lo dejamos. Despiertos o dormidos, en cualquier momento, cualquier día, en cualquier lugar, podemos sentir el roce del ala de un ángel.

Y cuando eso sucede sabremos por qué la Escritura dice:

«*A sus ángeles mandará acerca de ti, que te guarden...*»
(Lucas 4:10).

Capítulo

DoS

Angeles en
mi adolescencia

Puede ser que usted haya tenido momentos que nunca olvidará. De los momentos de esa clase en mi vida, tres sucedieron durante mi adolescencia. A los trece, dieciocho y diecinueve —tres fuertes y dramáticos momentos en la vida de un muchacho.

El primero me salvó de ahogarme. El segundo me salvó de quemarme. El tercero sucedió en mi primera visita pastoral. Fue en un granero, con el campesino que había escuchado la voz viniendo del montón de heno. Mis tres sucesos fueron grandes, santos y me han dado una reverencia por la vida que nunca me ha abandonado.

La mano en la tubería de agua

EL RIO CEDAR CORRE a través de mi pueblo. Ancho, profundo, tortuoso, este tiene que ser uno de los ríos mas hermosos de Norteamérica. Y yo debiera saberlo. Crecí en él.

Cuando el Cedar pasa por el centro del pueblo, hay una sección llamada *la corriente de Mill*. Si uno se para en el banco del río, es fácil reconocer por qué le pusieron ese nombre. Las ramas rotas de los árboles que son traídas por la corriente, viejos botes rotos, llantas de autos viejas y desperdicios de muchas clases batallan entre sí en la corriente de Mill.

Hace más de sesenta años, cuando era un muchacho, una señal sobresaliente de la corriente de Mill la constituía una tubería gigante. ¿El propósito? El evitar que la corriente de Mill echara sus desperdicios río abajo. Los viveros, las fábricas y ciertos negocios tenían sus edificios a lo largo del río. Sus fundaciones de concreto, ladrillo y madera eran importantes, tanto para los dueños como para la estabilidad en el empleo de mucha gente. Por esta razón una rejilla gigantesca había sido puesta a la salida de la tubería. Aquí se detendrían los despojos y de esa forma se protegerían las paredes y los puntales que había corriente abajo. Cada ciertos meses la rejilla era removida, limpiada, y los desperdicios eran tirados en otro lugar, donde no hiciesen daño.

Casi todos los muchachos que crecimos a lo largo del río Cedar nos convertimos en buenos nadadores. El nadar era nuestro entretenimiento. El lucirnos también era nuestro entretenimiento, y todos esos letreros a lo largo del banco de la corriente de Mill era como un magneto que nos atraía. «Peligro», «Corrientes fuertes», «Resaca», «Prohibido estrictamente el nadar». Pero usted sabe cómo son los muchachos, para nosotros la pregunta era: «¿Cuán cerca puedes llegar a la gran tubería?» Este día yo había decidido que era mi turno. Les mostraría algo. Y lo hice.

Era la temporada en que el río está en su nivel alto, cuando el peligro es mayor precisamente por eso. Lo que yo no sabía era que el agua también estaría alta en la tubería. Encima de ella sólo habría unas pocas pulgadas de aire. ¿Seis pulgadas?, ¿diez?

En ocasiones hay una línea fina entre el buen juicio y la necedad. Y ese día yo crucé la línea.

Ya dentro del agua comencé a dirigirme hacia la tubería; iba con un ojo en la corriente y el otro en mis amigos. La corriente era lo suficientemente fuerte como para arrastrar a un nadador cabal dentro del túnel. ¡Antes de darme cuenta de lo que había sucedido, fui arrastrado dentro de la tubería, ¡succionado bajo el agua por la poderosa corriente de Mill! En verdad, estaba a punto de ahogarme.

Si estuviera a punto de ahogarse, usted experimentaría algo increíble. Como una película rápida, todo lo que ha hecho le pasará corriendo por su mente. Lo bueno, lo hermoso, lo malo, sus esperanzas y sueños; todo pasa corriendo por delante. Maravilloso. Increíble.

A los trece años los muchachos no piensan en morir. Pero le puedo decir que yo sí lo pensé en ese momento. Los muchachos no oran mucho tampoco, pero yo hice eso también.

Entonces, súbitamente, sentí que me levantaba, como si una mano me estuviese tomando hacia arriba, hacia el aire.

Llené mis pulmones y luché contra la basura, pero aún yo era una pobre competencia contra la corriente, luchando por regresar de donde había venido. No tenía escapatoria en el otro extremo. La pesada rejilla era muy fuerte para dejar pasar a un muchacho.

Entonces vino de nuevo esa mano. Algo, *alguien*, me levantó para que tomara aire de nuevo. Eso sucedió por unas tres o cuatro veces. Y cada vez, cuando se iba la mano, yo regresaba hasta el fondo; no era competencia contra la corriente.

Aun así seguí luchando, dándome vuelta, tratando de regresar hacia la entrada. Sin embargo, con cada vuelta, ahora parecía que escuchaba una voz que me decía: «¡Olvídate que está la rejilla! ¡Dirígete hacia allá!» Entonces una vez más sentí la mano, esta vez volteándome fuertemente, arrastrándome hacia el otro extremo de la rejilla. Con un fuerte empujón, arriba, arriba, ¡y fuera del túnel!, hacia el aire ilimitado.

«Charlie, ¿ves la cerca de madera? Vé hacia ella. Sosténte de ella, hasta que venga el salvavidas. ¿Los ves venir de prisa en rescate tuyo?»

No recuerdo todo lo que sucedió entonces, pero esto sí nunca lo olvidaré. Mientras me empujaban dentro de su bote, el capitán me dijo: «Qué suerte tuvisteis muchacho. Ayer quitamos la rejilla para limpiarla. Mucha suerte.»

¿Por qué el salvavidas quitó la rejilla el día anterior? ¿Pura rutina? ¿O sucedió el día anterior para salvar la vida de un adolescente al día siguiente?

Entonces vino el torrente de preguntas del salvavidas: «¿Cuál es tu nombre? ¿Dónde vives? ¿Por qué estabas nadando tan cerca? ¿Qué sucedió allí? ¿Cómo te sientes?»

Entonces el capitán hizo una última pregunta: «*¿No eran dos los muchachos? Por alguna razón pensamos que eran dos.*»

¡Cuántas veces a través de los años me he preguntado: «Por qué no contesté: "Sí, realmente éramos dos, pero el otro tuvo que irse temprano a otra llamada"!»

Algunos años atrás estábamos visitando un grupo de amigos. Era un real puñado de impetuosos, la clase de grupo en la que se puede traer cualquier tema. Esa noche el tema eran los sucesos extraordinarios. Cuando llegó mi turno, les conté sobre la mano en la tubería de agua.

Uno de esos amigos era un incrédulo. Un hombre pensador, un profesor en la universidad. El escuchó intensamente como lo haría cualquier pensador. Entonces nos dio su explicación. «No entiendes, Charlie, eras joven y fuerte. A menudo durante emergencias hay una corriente de fuerza desde lo profundo del subconsciente. Esa es la explicación. Además, ¿qué tal si hay un Dios que corre con el universo? Con todo lo que El tiene que hacer, ¿crees que tendría tiempo para un joven necio dentro de un túnel en un río? ¿Verdaderamente lo crees?»

A lo cual le respondió una joven del grupo: «*Oh, pero ¿no sabes? Dios también tiene ángeles.*»

Y por sesenta y cinco años, desde entonces, yo he

sentido la mano del túnel, y creo que ella tiene la respuesta. ¡EL LOS TIENE!

«En mi angustia al Señor invoqué y clamé a mi Dios;
extendió la mano desde lo alto y me tomó; me sacó de las
muchas aguas»
Salmos 18:6,16 (B.d.l.A.)

El milagro en la tina de aceite

E L TRABAJO DE DERRETIDO en seco de una planta de embutidos despide un olor bastante desagradable. (Es el término cortés para algo verdaderamente repugnante.) Estos olores se originan de los sobrantes de las carnicerías. Las entrañas cocinándose a alta temperatura hirviendo en aceite produce lo que se llama «despojos». ¿Para qué se utiliza? Alimento para animales y dólares para el bolsillo. Se saca mucho dinero de los desperdicios y sobrantes.

Fui a la universidad con una beca por ser jugador de fútbol americano. La mayoría de las becas de sesenta años atrás consistían en el pago de la matricula y el costo del estudio, además de un trabajo garantizado a cambio de la habitación y los alimentos. Pero también tenía otro beneficio: durante los veranos, cuando había receso académico, el departamento atlético hacía lo posible para encontrarnos trabajo, preferiblemente de naturaleza dura, lo cual ayudaba a mantenernos en buena condición física para la práctica del deporte.

El verano antes de mi tercer año, uno de los ejecutivos de la fábrica de embutidos tenía simpatía por el fútbol, por lo que ofreció dos vacantes en el departamento de derretido en seco. Que suerte tuve. Que suerte tuvo mi amigo. Suerte por tener sueldos más altos que los otros trabajos para los atletas. Pero con muy poca suerte en otro sentido.

Durante todo el verano estuvimos «socialmente desterrados». Ni el más extenso y profundo de los baños podía quitar el olor de nuestro pelo, de la piel y de las ropas. Por causa del olor que parecía seguirnos no éramos bienvenidos en ningún lugar. Así que mi amigo y yo vivimos juntos, comimos juntos y socializamos juntos, aunque no significara gran vida social.

No recuerdo con gran claridad los detalles del proceso. Cualquiera que hubiese trabajado con el derretido en seco haría un denodado esfuerzo para olvidarlo. Pero sí recuerdo esto: todo el sobrante del proceso de carnicería era echado dentro de una tina profunda, dos o tres veces la altura del hombre más alto. Grandes vertederos sobre las tinas dejaban caer aceite caliente dentro de la mezcla y el proceso de cocinar comenzaba.

Además de tirar carretones llenos de despojos a la caldera, en ocasiones nosotros teníamos que limpiar nuestra propia tina. Un día yo estaba en el fondo de mi tina, listo para comenzar a restregar. En mi ocupación y mi preocupación con el olor, no noté que después de haber bajado, alguien pidió prestada mi escalera. Este proceso, como puede imaginarse, estaba en contra de las reglas de la compañía. Sin embargo, un nuevo empleado no había aprendido esas regulaciones. (Como se imaginarán, las renuncias en el derretido en seco eran astronómicas y eso hacía rotar el personal constantemente.)

Fascinante, cómo lo es un error seguido por otro. El error número dos –el cual estaba muy, pero *muy* en contra de las regulaciones de la compañía– fue que alguien prendió la válvula equivocada, y el aceite caliente cayó dentro de la tina. ¡Dentro de *mi* tina, cayendo *sobre mí!*

Mantuve mi cabeza baja y corrí hacia la única salida posible. Era una tubería muy pequeña para dejar entrar agua, muy frágil para cualquier hombre de cualquier peso. Y ciertamente muy frágil para el peso de un jugador de fútbol de universidad.

¿Si oré? Ciertamente sí lo hice, y la respuesta vino con claridad. *«Sube por la tubería. ¡No hay otra salida!»* Así que subí, rápido, con una mano sobre otra en la tubería que se doblaba, resbaladiza por el aceite, demasiado caliente para las manos de un hombre. Sin embargo subí y salí.

Imposible, y todo el mundo en la planta sabía cuán imposible era. «El no pudo haberlo hecho. No hay nadie que pueda hacerlo. ¿Quieres apostar?» (En el derretido en seco ellos toman sus momentos alegres siempre que pueden.) Así que hicieron un grupo, y uno a uno lo trataron. Secando la tubería, estando seguros que estaba fría, trataron de hacerlo. También yo lo traté, pero como lo dijera el viejo veterano: «No hay quien pueda hacerlo.» ¡Y nadie lo hizo! Incluyéndome a mí. Aún con las manos secas y la tina fría, no lo hice de nuevo.

He meditado en esas explicaciones tales como «potenciales escondidos», «fuerzas latentes», «oleadas de poderes ocultos». Sin embargo, pensando en retroceso en cómo escapé de la tina de aceite y esa mano en la tubería de agua, yo pienso que encaja perfectamente con lo que yo llamo «el roce del ala de un ángel».

Los pollos fritos
de la abuela Minnie

LA IGLESIA SUGAR CREEK es un querido y pequeño lugar de reunión para los granjeros de Iowa. Se trata de una capilla de maderas blancas, de manera que combina con las casas del mismo color que hay a su alrededor. También se ven en la zona grandes graneros rojos, altas plataformas, y más allá extensos, espaciosos, sembradíos de maíz y soja. Paquetes de heno, vacas en el pasto, ovejas, cerdos, caballos y ponis. Y cuando yo era su joven y hambriento pastor, vi pollos aquí, pollos allá, pollos, pollos donde quiera.

—Hey, Muchacho Predicador —me decían, — cuando usted pasa por nuestra calle, los gallos corren y ponen sus cabezas sobre el matadero.

Muchacho Predicador era el apodo que me habían puesto. ¿Y por qué no? No era un ministro; sólo un estudiante de universidad. Uno que amaba a los granjeros, y los pollos.

Acordé ir a Sugar Creek porque mi profesor de Biblia me dijo:

—Has estado pensando sobre el ministerio. Ahora aquí está tu oportunidad de conocer cómo es. He estado en Sugar Creek y te puedo garantizar que no te pesará.

Así que el sábado, tarde, cansado de jugar fútbol; cansado de celebrar otra victoria (ese fue el año que tuvimos un excelente equipo), salí, demasiado cansado para pensar sobre un sermón en el camino.

Conocía la mayoría de estas excusas de antemano. Eran las excusas para mi profesor de Biblia. «Oh, siga adelante», él me diría. «Escoge alguna historia de la Biblia que te guste. Cuéntales lo que significa para ti. Sonríe. Dale algunos de tus chistes. Te va a gustar. ¡Anda!»

Así que fui, y fue todo lo que mi profesor de Biblia me dijo que iba a ser. Cualquiera con suficiente suerte de ser un estudiante a pastor en Sugar Creek le daría las gracias al Señor siempre. Y yo lo he hecho.

Mi primer domingo tuve pollo en casa de la abuela Minnie. Ella era pequeña. Era anciana. Tenía el color del cabello de un blanco puro. Y estaba simplemente *gozosa* como muy pocas personas que he conocido. Su gozo se reflejaba en sus ojos, gozo en su voz, gozo en su alma. Y podía hacer pollo frito. Por esto yo estaba muy, muy agradecido.

Durante años la abuela Minnie había estado enseñando la clase de Biblia para los adultos. Ella enseñaba directamente del Buen Libro y directamente de su amoroso corazón. Mirando hacia atrás, más tarde me di cuenta que ella había, literalmente, mantenido unida la Iglesia de Sugar Creek, durante alguno de esos años –especialmente en aquellos cuando el liderazgo pastoral estaba de alguna forma ausente.

Ese primer domingo nos convertimos en amigos rápidamente. Su esposo, Howard, era un hombre placentero, callado. El disfrutaba dedicarse a la granja. Así que después de cenar, él se excusaba y yo comía otra tanda de pollo… más teología… más consejo.

—Muchacho Predicador —comenzó la tía Minnie,

—nosotros, sencillamente, te amamos. Tu te paras allí y sonríes. Nos cuentas una historia de la Biblia. Es usualmente una que ya hemos escuchado, así que sabemos cuándo te confundes. Entonces alguien mueve su cabeza y tu te ríes. Así que nosotros nos reímos y está bien. Pero, ¿sabes, mayormente, por qué te amamos? Es porque por tanto tiempo hemos estado escuchando lo malos que somos, hemos escuchado sobre el fuego y el pecado. Bueno, nosotros sabemos del pecado. Lo sabemos de primera mano. Pero nos gusta pensar que pudiera ser que fuéramos un poco buenos. Y ahora tu vienes y nos dices que Dios nos hizo hermosos y que nunca se desanima con nosotros. Entonces nos dices que El envió a Jesús para limpiar todo lo que necesite ser limpio para que podamos ser hermosos de nuevo.

Ahora, escúchame, Muchacho Predicador. Nunca te alejes de eso, porque eso es el Evangelio. Esas son las buenas nuevas, y nadie nunca tiene suficiente de esto. Así que toma otro pedazo de pollo y escucha esto también. Algún día estarás predicando en alguna iglesia grande en alguna parte, y yo no estaré allí. Pero estaré escuchando y sonriendo y animándote. Y si algún día te alejas, aunque sea un poco de las buenas noticias, sentirás un golpe y esa seré yo, Minnie, golpeándote desde el cielo—.

Entonces ella decía:

—Queda tan poco pollo, ¿por qué no lo terminas?

Y yo lo terminaba.

Así que, ¿dónde están los ángeles en esta historia? Una vez, más yo no vi ningún ángel con mis ojos. Sin embargo sentí con certeza que alguien estaba vigilándome. Si hubiera visto mi cachivache, aquel viejo convertible, y el cachivache de motocicleta que en ocasiones tomó su lugar, usted sabría lo que yo quiero decir. Había unos setenta kilómetros de mi universidad hasta la pequeña iglesia. Algunas de esas calles eran de tierra –que cuando llovía se tornaba en fango. Algunos fines de semana eran con nieve; fríos, helados. Con ese tipo de viaje y mi maquinaria arcaica, yo regresé una y otra vez a mi promesa favorita sobre el «ángel» que se encuentra en el Libro.

> *«Pues a sus ángeles mandará acerca de ti,*
> *que te guarden en todos tus caminos.»*
> Salmos 91:11

La voz de la parva de heno

HA ESCUCHADO ALGUNA VEZ una voz que no puede localizar? Detrás suyo, delante de usted, hacia un costado o arriba suyo? Usted sabe que ha escuchado esa voz, pero, ¿de dónde vino? ¿Quién era? No hay nadie a la vista, nadie cerca. ¿Están mis oídos jugándome una treta? ¿Estaré perdiendo la razón? ¿A dónde puedo ir a contar esto? ¿Se reirán de mí?

Lee pensó que se reirían de él. Lee era un miembro de la Iglesia de Sugar Creek. En mi tercer domingo allí Lee esperó hasta que todo el mundo se hubiera ido, entonces caminó hasta mi pequeño Ford. Podía notar que estaba nervioso y excitado. Luego supe que había tenido muy poca experiencia con los pastores y que se estaba preguntando qué pensaría el nuevo Muchacho Predicador. Pero Lee había decidido arriesgarse, así que casi en un susurro comenzó.

—Muchacho Predicador, tengo un problema. Tengo necesidad de hablar con alguien. ¿Podría usted venir a mi casa esta tarde? Pero no entre a la casa; veámonos en el granero. Yo lo estaré esperando al lado de donde guardamos el heno.

Así que allí estuve, al lado de los escalones del henal para mi primer llamado pastoral. El primero en mi vida.

Después de lidiar con su emoción inicial, Lee fue directo al grano:

—En algún momento, el año pasado, yo estaba de pie al lado de estos escalones cuando escuché una voz que venía del henal. Claramente la voz me dijo: "Lee, Dios desea que construyas un edificio especial para las vacas. Este va a ser el mejor criadero de vacas que exista, y he aquí cómo deseo que lo hagas". Luego la voz me dio las medidas exactas. Cuán alto, cuán ancho, cuán largo, y cómo debía encajar cada pieza. Vayamos al área de criadero. Se lo mostraré.

Aun yo, que no sabía absolutamente nada de vacas y de criaderos, me quedé impresionado al momento. Era una verdadera obra de arte. Un verde profundo mezclado con amarillo, y una vaca en cada abertura. La genialidad de este criadero de vacas era que cada vaca iba a estar temporalmente encerrada en su propio espacio. La vacas bravas no tenían forma de quitarle la comida a las tímidas. Sin embargo ese no era el único factor positivo en el criadero de vacas de Lee. Por algún método de dependencia, cuando cada vaca había comido su ración, el criadero se cerraba. Luego otra vaca tomaría su lugar en ese espacio.

—Helo aquí —dijo Lee, —exactamente como se me dijo. Las mismas medidas, el mismo diseño, directamente de la voz en el henal. ¿Qué voz era esta? ¿Un ángel? Me lo he preguntado millones de veces. Quienquiera que fuese, él me dijo varias veces que me estaba hablando de parte de Dios. ¿Qué piensa usted?

—¿Que qué pienso, me preguntas? —dijo el Muchacho Predicador. —Que está comenzando a llover. Regresemos al granero y conversemos sobre esto.

Cuando nos sentamos en los fardos de heno, le di las gracias por compartir esta historia maravillosa conmigo. Luego le dije que yo creía cada palabra de lo que me había dicho, porque desde la edad de trece años yo sabía que los ángeles existían. Y ambos estuvimos de acuerdo en que no se le puede hablar a todo el mundo sobre los ángeles.

Por largo tiempo estuvimos sentados con nuestros pensamientos y preguntas. Exactamente, ¿cómo trabajan los ángeles? ¿Por qué no vienen más a menudo? ¿Por qué vienen cuando lo hacen?

Luego Lee me habló sobre las cosas que él hacía. Ese nivel que cerraba el molino de viento cuando el agua estaba suficientemente alta; el cierre de la puerta del granero, absolutamente imposible para ser abierta por el caballo más travieso; un regadero de agua para los pollos, tan efectivo que todo el que lo veía quería uno. Y cada uno de sus intentos, él me dijo, parecían venir de afuera de él. A veces en sueños, otras veces por una inspiración repentina. O quizás no venían de afuera de él en absoluto. Otros vinieron con el tiempo, como una figura lenta desde lo más profundo de su interior.

Principalmente yo escuché, pero también le conté de otras ocasiones donde yo pensaba que los ángeles estuvieron trabajando en mi vida. Le compartí sobre mi rescate de la tina de aceite y muchas otras pequeñas experiencias, a las que llamo como el *roce de un ala de ángel*. A él le gustó esa frase y la usamos a menudo en la amistad repentina que nació ese día a los pies del henal.

Ya se estaba haciendo oscuro y era cerca de la hora de cenar.

—Vámonos a la casa, Muchacho Predicador. Nadie hace el pollo como Leora. Y estoy seguro que estará de acuerdo de que su boca nunca ha probado algo tan sabroso como el pastel de pacanas de Leora.

Justo antes de irnos del granero recordé lo que había leído en algún sitio: los predicadores deben orar en ocasiones especiales. Así que Lee y yo nos arrodillamos allí y le dimos gracias al Señor por enviar a sus ángeles a nuestro paso. Le volví a dar gracias por mi experiencias de rescate, y le di las gracias por la mente de invención dada a Lee. Entonces terminé la oración con esta sencilla petición: «*Señor, que ambos estemos más alerta del más mínimo roce de un ala de ángel.*»

Mientras nos dirigíamos a la casa, Lee hizo otra pregunta:

—Muchacho Predicador, ¿piensas que pudo haber sido un ángel quien nos unió a ti y a mí?

Le dije que estaba seguro que había sido un ángel.

Y también le dije esto, mientras comíamos juntos... que él estaba absolutamente en lo cierto en cuanto al pollo de Leora y su pastel de pacanas.

El verano pasado hice un viaje de regreso a Sugar Creek. Algunos de los recuerdos se han borrado con el paso de sesenta años. Otros han sido guardados claros y para siempre en el álbum de recuerdo de mi mente.

La larga senda a lo de la abuela Minnie aún está allí, y también su casa. Casi la puedo ver sonriendo por la ventana de la cocina, sosteniendo un plato de pollo frito.

Pregunté si alguien recordaba el criadero de vacas de Lee.

—¡Claro! —respondieron. —El lo patentó.

Hablé con el hijo de Lee, un sacerdote episcopal y capellán del hospital. El nunca escuchó la historia del henal.

—Pero suena como algo propio de mi padre —me respondió. —Toda su vida él hablaba sobre los ángeles y sucesos extraordinarios. Yo le puedo contar otras cosas que pienso que nadie creería, excepto, quizás, usted y yo.

Antes de abandonar Sugar Creek, manejé hasta el gran granero de Lee. El criadero de vacas ya no estaba, pero el recuerdo estaba aún allí, claro y vivo. Allí, de pie en el patio del granero, podía vivirlo todo de nuevo. Un joven granjero diciéndole al Muchacho Predicador su historia increíble. Y casi podía vernos a nosotros dos, de rodillas allí en el heno. Dos creyentes asombrados, alabando al Señor en silencio por su bondad... y especialmente por sus ángeles.

Capítulo

TRES

¿A dónde se han ido todos los ángeles?

Hable sobre los ángeles en casi cualquier grupo, y puede ser que experimente algo así como lo que señala la siguiente serie de preguntas:

¿Por qué las personas levantan sus cejas cuando le hablamos de los ángeles? Aún en la Escuela Dominical, traiga el tema de ángeles y las personas lo mirarán como si usted viniera de algún sitio raro. ¿Dónde se originó esta idea, de que el creer en

ángeles es demasiado «extremista» para los cristianos normales?

Es desafortunado, pero cierto. La nuestra es una nación que tiene quienes creen en los ángeles, pero cada uno se encuentra en un compartimento estanco. Estos son los grupos de personas que esperan que en algún momento, en algún lugar, ellos puedan encontrar a alguien que los escuche y entienda. Alguien que les diga, «Bienvenido a bordo. Yo también creo en los ángeles.»

«Te invito con un helado»

HAN SIDO MUCHAS LAS VECES que le he dado gracias al Señor por el Dr. B., quien fuera mi profesor de Biblia en la universidad. El fue quien me persuadió para que tratara Sugar Creek. Pero mucho antes de eso nos habíamos convertido en buenos amigos.

Nuestra amistad comenzó con su primera tarea. Teníamos que escribir un papel llamado: «Mi experiencia religiosa número uno.» «Nada extraordinario», nos dijo. «Una o dos páginas, …¡y manténgalo simple!»

Yo escribí sobre mi rescate de la tubería de agua a la edad de trece años. A él le gustó. Al siguiente día me dijo:

—Vamos a encontrarnos después de clase. Te invito con un helado.

Esa fue una invitación que escuché a menudo. ¿Es de extrañar, acaso, que el Dr. B. se convirtiera en mi maestro favorito?

Entre él y yo todos los caminos estaban abiertos. Podíamos hablar de cualquier cosa. Mis sucesos inexplicables y los suyos. Sus momentos extraordinarios y los míos.

¿Por qué estaba con una beca de fútbol en este colegio en particular? Hasta las grandes universidades estaban buscando grandes bloqueadores como yo. Así que, ¿por qué me encontraba aquí, en este modesto colegio denominacional? Mirando para atrás, creo saber la verdadera razón. En ese momento yo necesitaba un amigo como el Dr. B., y le doy gracias al Señor por mi buena fortuna. Durante mi primer año en griego, una vez en el seminario, también me di cuenta que el Dr. B. y sus ángeles me habían estado preparando para algo completamente diferente.

Chicago

CHICAGO ESTA A UNOS cuatrocientos cincuenta kilómetros del pueblo de mi universidad, y un poco más cerca de Sugar Creek. Pero para mí podrían haber sido tres millones de kilómetros. Nunca había visto tantas personas juntas en un solo sitio. En los tiempos en que crecía, el dinero para viajar sencillamente no existía. Para las otras personas era lo mismo. Así que aquí se encontraba este muchacho del campo, entre esas masas de gente en movimiento. A decir verdad, me sentía perdido.

Nuestro seminario estaba localizado en uno de los barrios más difíciles de Chicago. Poco tiempo después de llegar, el criminal más deseado por el FBI fue herido mientras salía de un teatro al cruzar nuestra calle. A las pocas cuadras se encontraba otra gran «atracción turística»: el lugar del famoso asesinato de las pandillas, aún fresco en los comentarios, porque había sucedido el año anterior.

A algunos de nosotros de la clase de primer año, los que necesitábamos apoyo financiero, se nos ofreció trabajo para cubrir el cuarto y los alimentos. ¡Que suerte tuve! Me uní a la «posición selecta» de asistente a guardia.

Cada noche preparaba mi reloj despertador para la media noche y daba una vuelta al terreno con una linterna en la mano. Los pastos de nuestro colegio, eran lo único verde por kilómetros a la redonda, de manera que teníamos muchos visitantes: borrachos que venían tarde en la noche para pasar el rato, parejas conociéndose, vagabundos buscando un lugar suave para dormir, etc. De esa forma, después de limpiar el terreno de intrusos, regresaba a dormir a mi habitación.

Me había tocado la única habitación «privada» en toda la universidad; no obstante eso, las facilidades no eran tan acogedoras como pueden parecer. Mi cuarto «privado» era una gran habitación en los Comunes, un edificio macizo Gótico. Durante el día esa Gran Habitación era la favorita de todos. Aquí todos comíamos y asistíamos a eventos especiales. ¡Ríase, hombre, ríase! Este era el único lugar en el edificio donde nos divertíamos. Pero cuando llegaba la noche, esta grande y alegre habitación se convertía en mi cavernícola dormitorio. Daba miedo.

La librería del seminario estaba localizada en los Comunes, junto a la Gran Habitación. Demasiadas veces habían robado el lugar donde se vendían los libros, así que alguien necesitaba asegurarse que no volviera a suceder. Noche tras noche me encontraba en la Gran Habitación, durmiendo mi sueño ligero, con el revolver bajo la almohada; siempre alerta.

Todo esto era una parte principal en mi instrucción para Chicago. «¡No tenga miedo, Charlie está aquí!», era el dicho familiar de mis compañeros. Las personas de la librería, sonriendo, lo decían también a menudo. Sólo el sereno no lo repetía. El conocía las posibilidades.

Porque sé que tendrá curiosidad, permítame decirle que nunca usé el revolver. Teníamos cierta acción de vez en cuando –suficiente acción como para enseñarme algunos secretos acerca de la proyección de la voz.

En cualquier habitación cavernícola como la Gran Habitación de los Comunes, si practica, puede hacer sonar su voz como muchas voces diferentes. Aquellos que se atrevieron a entrar no se quedaron.

Mirando hacia atrás, me pregunto cómo lo hice. Un campesino en la gran ciudad, bien temeroso. Sin embargo, por todo un año dormí en la Gran Habitación, y lo hice por dos buenas razones, una: el trabajo pagaba un poco más que la comida y la habitación. La segunda razón: creía en los ángeles.

Una y otra vez durante ese año repetí la promesa preferida del Libro:

> *«Pues a sus ángeles mandará acerca de ti,*
> *que te guarden en todos tus caminos.»*
> Salmos 91:11

«Escribe sobre lo que desees –excepto sobre los ángeles»

PARA EL SEGUNDO SEMESTRE de griego se nos asignó una tesis de cincuenta páginas sobre cualquier tema de nuestra preferencia. Todo lo que necesitábamos como base era el verificar nuestro escrito con el Nuevo Testamento. Eso sería algo fácil para mí.

¿Se puede imaginar qué sorpresa tan agradable tuve, cuando mi nuevo profesor de griego también me invitó a quedarme después de clase? Lo único es que no fue una buena sorpresa. No había helado esta vez. No había una conversación amigable. Lo mejor que puedo recordar de sus palabras de consejo, es algo como:

—Lo siento mucho, no le podemos permitir que escriba sobre los ángeles. Lo he verificado con mi superior y él está de acuerdo. La «angelología», como la llamamos, produce muchas más preguntas de las que contesta. Perturba más de lo que bendice. Por supuesto que usted entiende que le estoy diciendo esto por su propio bien. Como miembros de la facultad del seminario, mantenemos delante nuestro el hecho de que estamos preparando a jóvenes para el ministerio. Por lo tanto, pensando en su futuro, tenemos que advertirlo acerca de estos temas controversiales. Estoy seguro que usted entenderá.

Yo no entendí. También le dije que no entendía, cosa que fue el error número uno. El error número dos fue cuando le hice una pregunta personal: ¿Cómo él y sus superior explican los ángeles de Navidad, aquellos sobre los que había escrito para mi profesor de universidad? A lo cual tuve esta helada respuesta:

—Tenemos que recordar que mucho de la Biblia es historia y debemos respetarla como lo que es.

Supongo que eso fue lo que él hizo con todos esos ángeles bíblicos. Los respetó como historia. Para decirlo en otras palabras, mientras más discutía, más perdía él su «erudición». También, para expresarlo con suavidad, tuve bastante suerte de aprobar mi período de griego.

Sin embargo, el fracaso no resultó un desastre completo. Con esa experiencia yo examine y medité bastante, llegando a las siguientes conclusiones, las cuales nunca me han abandonado:

a. La Biblia *es* historia, pero eso no es lo primero. *Primordialmente, la Biblia es la guía de nuestro Padre celestial hacia una vida de victoria.*

b. Cuando alguien me cuenta la historia de un ángel, o cuando experimento el roce de un ala de ángel, lo pongo a prueba con estas dos preguntas:

1. ¿Se puede verificar con historias bíblicas sobre los ángeles?

2. Históricamente, y especialmente en mi propia historia, el resultado fue beneficioso al menos para una persona, o inclusive para muchas?

Cuando vuelvo a pensar en ese primer año en el seminario, mis primeros pensamientos se concentran en esas temerarias noches en la Gran Habitación de los Comunes. Luego recuerdo los pensamientos de mi profesor sobre la Biblia, y de cómo debiéramos mirarla. Así que me sonrío y me pregunto a mí mismo: «Si mi profesor hubiera estado tratando de dormir donde yo estaba tratando de dormir, con el revolver bajo mi almohada, me pregunto si él hubiera preferido a los ángeles como algo real en lugar de concebirlos como algo histórico?»

También me pregunto: «Si él estuviera enseñando hoy en día, con el fresco despliegue de interés en el tema de los ángeles, ¿alteraría su posición?

Billy Graham nos ayudó a comenzar con su maravilloso libro sobre los ángeles. La revista *Guideposts* aclara más de las actitudes negativas con su clásico sobre «Sus caminos misteriosos» Aún nuestra lista de libros seculares más vendidos revela este nuevo interés.

De manera que prenda la TV, amante de los ángeles. Sintonice el radio, abra una revista, revise su periódico. Los ángeles ya están aquí, en grande. Las cosas sobrenaturales, sucesos extraordinarios, eventos inexplicables, todos parecen tomar el centro del escenario. ¿Qué significa esto? Significa que detrás de los bastidores hay un hambre latente de creer que los ángeles están tan cerca como nuestro próximo latido.

Capítulo

CUATRO

¿Qué es un ángel?

«*Alabad al Señor desde los cielos;*
alabadle en las alturas.
Alabadle, todos sus ángeles;
alabadle, todos sus ejércitos.»
Salmos 148:1–2 (B.d.l.A.)

¿Qué es un ángel?

H E COMPARTIDO CON USTED algunos de mis encuentros con ángeles, como también las experiencias de otras personas. Pero si usted es como los demás que he conocido en talleres y seminarios, puede ser que aun se esté preguntando: «Pero, ¿qué es, exactamente, un ángel?»

Los ángeles nos han asombrado y confundido por siglos. Nosotros no podemos comprender la mente de Dios, ni tampoco podemos entender las formas de obrar de sus ángeles. No sabemos el por qué Dios manda a sus ángeles en un momento preciso, mientras que en otros no. En ocasiones nos hemos sorprendido con el roce del ala de un ángel. En otras hemos orado por un ángel pero no hemos tenido respuesta. Estos son misterios que, es posible, nunca podamos resolver en nuestra existencia presente.

Pero si miramos en la Biblia, la forma en que los ángeles actuaban recíprocamente con los humanos –especialmente sobre lo que sí sabemos sobre Dios– podemos llegar a algunas conclusiones sobre qué son los ángeles y qué hacen. Se me ha preguntado con frecuencia si los ángeles son meramente otra forma de Dios, o una extensión de El. Pienso que la Biblia deja esto bien en claro. Ellos no son ni una ni otra cosa. De manera que nos encontramos de nuevo con esta pregunta: ¿qué es un ángel?

Las dos palabras que más se acercan a una respuesta bíblica verdadera son «manifestación» y «siervo». La mayoría de nosotros sabemos lo que es un siervo, pero, ¿qué es *manifestación*? Uniendo varias definiciones del diccionario llegamos a la siguiente definición: El manifestar significa revelar, probar, mostrar, y dejar aclarado, sin lugar a dudas, la naturaleza de aquello que está siendo manifestado.

Puesto que Dios es amor y los ángeles existen para manifestar y servirlo a El, entonces lo que hacen los ángeles es revelar, probar y demostrar el amor de Dios.

Los ángeles llevan el amor de Dios a donde El lo desea ese día, en ese momento. Y ya que el amor del Padre Celestial es sin límite, le sigue otro factor: los ángeles pueden encontrarse haciendo cualquier cosa, en cualquier momento, de cualquier forma para ayudar al pueblo de Dios.

Para un registro auténtico de las actividades de los ángeles, no podemos menos que ir a la Biblia. Allí, directamente de la Escritura, vemos el vasto panorama de actividad de los ángeles.

- Los ángeles anuncian (llevan el mensaje) —Lucas 1:26–33, Lucas 2:8–12
- Los ángeles avisan—Mateo 2:13
- Los ángeles dan consejo—Mateo 1:18–23
- Los ángeles alaban a Dios—Lucas 2:13–14
- Los ángeles comen—Salmo 78:25
- Los ángeles vuelan—¿Cuántas veces piensa usted que los ángeles vuelan en la Biblia? ¿Muchas veces? Encuentre doce.

- Los ángeles ascienden y descienden
  —Génesis 28:12, Juan 1:51
- Los ángeles cuidan—Salmo 34:7
- Los ángeles protestan—Zacarías 3:4
- Los ángeles consuelan—Hechos 27:23–24
- Los ángeles sanan—Job 33:20–24
- Los ángeles hablan la verdad—Hebreos 2:2
- Los ángeles comunican (Los ángeles no só-
  lo le hablan a las personas, sino que tam-
  bién hablan entre sí.) —Zacarías 1:9, Lucas
  1:34–35
- Los ángeles predican—Gálatas 1:8
- Los ángeles proclaman—Apocalipsis 5:2
- Los ángeles encuentran al perdido
  —Génesis 16:7
- Los ángeles alimentan y proveen—1° Reyes
  19:5–7
- Los ángeles ministran a Cristo—Mateo
  4:11, Marcos 1:13
- Los ángeles ministran a las personas
  —Hebreos 1:14
- Los ángeles liberan—Hechos 5:19, Hechos
  12:7–9
- Los ángeles dan direcciones—Hechos 8:26
- Los ángeles salvan de la muerte—Daniel
  6:22
- Los ángeles luchan nuestras batallas
  —Exodo 33:2
- Los ángeles mueven las aguas—Juan 5:4
- Los ángeles alaban—Isaías 6:2–3; Apocalip-
  sis 5:11–12

Esta es una lista de veinticinco cosas que hacían
las ángeles en los tiempos de la Biblia. Y la lista puede

seguir hasta casi trescientos hechos y acciones más. Es un número impresionante, ¿verdad? En las Escrituras vemos a los ángeles alrededor de trescientas veces, haciendo algo para el Señor.

Supongamos que ahora añadiéramos esa lista a otra. Si pudiéramos escuchar de cada una de las personas que, desde los tiempos de la Biblia, tuvo en alguna ocasión una experiencia que pudieran llamar *el roce de un ala de ángel*, ¿no sería esto un testimonio maravillosos del amor eterno de Dios por los suyos?

Capítulo

CINCO

Vías de acceso para Dios

«Llegaste a mi vida en el momento preciso
y allí sentí el roce de las alas de un ángel.»

Tal vez haya sido un amigo, quizás un descono-
cido, un miembro de la familia. Ellos fueron bende-
cidos y usted fue parte de la bendición.
¿Lo convierte esto a usted en un ángel? Lo siento,
pero la respuesta bíblica es «No». Desde el Antiguo
y el Nuevo Testamento la respuesta llega con clari-
dad. La hemos visto anteriormente; veámosla de
nuevo.

«¿Qué es el hombre, para que tengas de él
memoria? .... Le has hecho poco menor
que los ángeles.»
Salmos 8:4-5 y Hebreos 2:7

«Entonces, ¿no seremos ángeles en el Cielo?»
Nuevamente la respuesta bíblica
es un «No» definitivo.

Pero aun en la tierra y mientras vivamos,
este es nuestro llamamiento:
Todos los que aspiren convertirse en verdaderos
seguidores de nuestro Señor tratarán de vivir
tan a tono con El, de manera que cada vez
que nos necesite estemos listos para convertirnos
en vías de acceso para sus ángeles.

Fuego y el jugador de fútbol

EN NUESTRA CIUDAD universitaria, había un fuerte y gran jugador estrella del fútbol americano, quien salía a correr temprano en las mañanas. Estaba aún oscuro, y por la colina por la cual corría, a un costado del camino, vio fuego. Apresurando el paso, corrió lo más rápido que pudo, y por haber podido correr tan rápido –como lo hace un jugador estrella de fútbol americano– salvó la vida de una mujer.

Ella había sufrido un accidente en su auto y no había nadie cerca. Ella no sabía cómo había ocurrido. Estaba en camino para su trabajo, muy temprano, y debió haberse quedado dormida. Pero una cosa sí sabía: cuando chocó con el poste de teléfono, su auto estalló en llamas. El impacto averió el tren delantero, la defensa, el piso del auto y dobló la puerta del conductor. La mujer quedó atrapada adentro, con una pierna trabada en el piso.

Usted debe saber, antes de contarle el resto de la historia, que este jugador de fútbol es un devoto creyente. Desde la niñez, su madre le enseñó muchas cosas acerca del Señor. Le había enseñado que Dios tiene una amplia provisión de toda su fortaleza que cualquiera pudiera necesitar; una fortaleza disponible para quien se mantuviera «a tono» con !a Divinidad.

Llegando a la escena del fuego, el futbolista comprendió enseguida que la mujer necesitaba ayuda urgente. Con sus fuertes brazos arrancó la puerta del auto, destrabó la pierna de la mujer y le salvó la vida.

Para esos momentos ya había otras personas en el lugar, incluyendo la policía. Al comprobar que todo estaba en buenas manos, el jugador estrella continuó corriendo.

Cuando la mujer le contó a la policía lo que había sucedido, ellos preguntaron: «¿Quién era él?»

«No tengo idea», contestó. *Me pregunto si habrá sido un ángel.*

Pero la historia no termina allí. Una de las personas que había llegado a la escena del accidente conocía la ruta que acostumbraba tomar el jugador en sus carreras matutinas, y lo pudo localizar.

«¿Estuviste en la escena del accidente?» preguntó la policía y los reporteros. «Seguro», admitió. «Entonces, ¿por qué no te quedaste para decirnos qué sucedió, así como para darnos tu nombre?»

«¿Para que habría de quedarme?», preguntó. «Ustedes ya estaban allí. Yo necesitaba terminar. mi carrera e ir a mis clases.»

Cuando lo entrevistaron en la televisión, él fue el mismo de siempre. Nuevamente citó a su madre al efecto de que Dios provee fortaleza para las emergencias de la vida. Pura humildad. Hacer lo que Dios necesita que hagamos. «Dale gracias a tu mamá y sigue adelante.»

Para añadir un toque simpático a la historia, uno de los entrenadores, el payaso del grupo, comentó: «Lo que nuestro equipo necesita son más muchachos apegados a mamá.»

Una llamada de la abuela Wehking

*E*XISTEN ALGUNAS LIBERTADES especiales en una iglesia a la que asisten miles de personas. Una de ellas es que el pastor puede tener predilección por algunas personas sin que nadie se de cuenta.

La abuela Wehking era una de mis favoritas. Compartíamos todo. Ella me contaba sus problemas, y yo le contaba los míos. Ella tenía ochenta y tres años de edad, y su corazón comenzaba a sentirse débil. Los médicos le habían dicho que podía seguir viviendo con ese estado por un tiempo. Por el otro lado, ellos podían operarla. Sería riesgoso, pero si tenían éxito, dispondría de más tiempo para disfrutar de su familia. Tenía solamente un hijo, una nuera a la que amaba y tres maravillosos nietos. ¿Qué debía hacer?

Yo sabía sobre la decisión tan importante a la que se enfrentaba. Pero este hecho se me había escapado: había llegado el momento para ella decidir qué hacer. Si usted se tuviera que enfrentar a una decisión así, ¿qué haría? Si tuviera que decidir entre operarse o vivir un poco más de tiempo sin operarse, ¿podría tan siquiera dormir en las noches? Su alma estaría como en un yo-yo: hacia arriba, hacia abajo; sí, no, sí, no?

Conducía mi auto por Katy Road, una de las principales arterias de la ciudad de Houston. Finalizaba el día y me dirigía de regreso a mi oficina en la iglesia. Tendría una montaña de llamadas telefónicas que responder, visitantes que atender, problemas del personal que resolver, además de otras obligaciones pastorales. Encima de todo esto, tenía que revisar la agenda para la reunión de la noche y se me estaba haciendo tarde. Varias emergencias en los hospitales habían tornado muy larga la tarde.

De pronto, en medio de mi apuro, me vino a la mente la abuela Wehking. Sólo unos minutos antes había cruzado la calle donde siempre daba vuelta para ir a visitarla. Sin embargo, para cuando ella cruzó mi mente, ya me encontraba a varios kilómetros de distancia. Pero antes de que pudiera pensar en otra cosa, me vino a la mente una urgencia interior. ¿Debía dar la vuelta, regresar y hacerle una visita de pocos minutos? ¡NO! No me alcanzaba el tiempo. ¿O sí me alcanzaba? Tal vez debía hacerlo. Ella necesitaría oración.

Después de debatirme entre «No, no puedo» y «Sí, debo», finalmente opté por «Sí, debo.» Di la vuelta a mi automóvil y conduje hasta una pequeña casa blanca y apreté el timbre de la puerta. Aunque se demoró más que de costumbre, por fin me abrió la puerta y extendió sus brazos hacia mi. «Oh, Charlie», me dijo, «Me alegro tanto que Jean te haya podido localizar. *Tenía* que verte hoy mismo.»

«Mañana debo decir a los médicos cuál es mi decisión. Deseaba tanto conversar contigo y orar juntos. Dile a Jean que muchas gracias por haberse puesto en contacto contigo.»

Varias veces durante nuestra breve visita me repitió: «me alegro que Jean se haya comunicado contigo. Temía que no pudiera localizarte.» Así que finalmente cuando no pude ya resistir la curiosidad le pregunté: «Abuela, ¿qué es todo esto de que usted llamó a Jean para que ella me localizara? No he hablado con ella desde temprano en la mañana.»

«Oh», respondió, «¿No has hablado con Jean? Ella me dijo que estabas visitando hospitales y me he pasado orando toda la tarde para que ella pudiera localizarte. En realidad, Charlie, la razón por la cual me tomó tanto tiempo abrir la puerta hace unos momentos es porque estaba en mi habitación orando.»

Como se lo imagina, estuvimos exclamando varios «¡oh!» y «¡ah!» en cuanto a este suceso. Estos fueron momentos especiales y maravillosos que compartimos juntos ese día. Entonces oramos y me dirigí de regreso a mi oficina.

Dígalo nuevamente. Algunos llaman a estas ocasiones «coincidencias», «casualidades», «destino». ¿Entonces? Entonces yo les llamo «el roce del ala de un ángel». Pero a pesar de todos los nombres que queramos ponerle, ¿no dice la Biblia que «Dios ordena y predomina en los corazones de los hombres?»

Y en los corazones de las mujeres también, como el de la abuela Wehking.

Los dedos en las llaves de mi auto

PODEMOS TENER EXPERIENCIAS con los ángeles de muchas maneras. Algunos me cuentan que sienten un calor interior, una brillantez alrededor. Otros escuchan música y sus sentidos les dicen: «Tales notas, tal armonía sólo puede venir de afuera de este mundo.» Existen también los que dicen que sus ángeles llegan en medio de un olor fragante.

Para otros, la luz es la señal. Luz que se les acerca, luz alrededor de ellos, luz en la distancia.

Mi amigo Homer dice que él siente los ángeles cerca cuando se descubre riendo de cierta manera. «En ocasiones», dice él, «me río por tanto tiempo que casi me pierdo el mensaje.»

Otros dan testimonio de que los ángeles vienen a ellos sin ninguna indicación visible. De repente, como si fuera de la nada, ellos sienten el roce del ala de un ángel. ¿Y quién de nosotros que cree en ángeles no ha tenido esta experiencia? *Después* del rescate, del milagro, de la bendición, sólo entonces nos damos cuenta: «Tuvo que haber sido un ángel.»

Para mi los ángeles se me han dado a conocer en varias oportunidades por medio del toque de una mano. Un levantar, una presión, un movimiento, una advertencia, un reclamo… Pero esto no debe sorprenderme, ¿no es cierto? Tiempo atrás, a la edad de trece años, tuve mi primera experiencia con la mano de un ángel.

La Biblia en ocasiones utiliza la frase «La mano de Dios» para revelar la presencia de Dios. Por causa de lo que me ha sucedido, uno de mis versículos preferidos es «Oí el ruido de las alas... y la mano del Señor era fuerte sobre mi» (Ezequiel 3:13-14, B.d.l.A.)

Pero una noche sentí más que la mano de Dios. En esta ocasión sentí el toque de Dios a través de mis propios dedos.

Era la hora de la cena y entré mi auto en el garage con mucha anticipación. Siempre tengo una alta anticipación ante cualquier comida con mi cocinera favorita. Pero en esta ocasión algo vino primero.

Cuando apagué el motor del auto, mis dedos no podían zafarse de las llaves.

«¿Qué sucede aquí?», pregunté en voz alta. De alguna parte en mi corazón llegó la respuesta.

«Vete a ver a Roy». Simple. Claro. Sin lugar a dudas. Desde ese lugar en mi alma donde Dios y yo dialogamos, yo comprendía que El me estaba dando una orden.

«Pero es hora de cenar,» argüí. Tengo la tendencia a argumentar con el Señor cuando tengo hambre.

«La cena puede esperar, Charlie. Vé.»

«¿Pero por qué? Roy estuvo ayer en la iglesia y se veía muy bien.»

La única respuesta fue el silencio. Así que antes de alguna otra palabra, le di vuelta a la ignición del auto y fui.

Roy era uno de nuestros queridos ancianos. Era un amable viejecito, que envejecía muy rápido pero que todavía sabía valerse muy bien por sí mismo. Roy era dueño de varias granjas, y diariamente visitaba el campo. Conversaba un poco, se paraba en las cercas y admiraba los becerros, los caballos, las ovejas. El amaba sus granjas.

Roy vivía a menos de dos kilómetros al norte, en una antigua casa. «*Apresúrate Charlie. Esta puede ser una emergencia*», pensé.

Y lo era.

Al acercarme a la puerta la encontré cerrada por dentro. Desde el interior de la sala principal escuché que salía un quejido, pero como las cortinas estaban cerradas no podía ver. Escuchando el quejido nuevamente y conociendo la ruta más corta, corrí a la puerta trasera.

Esa puerta estaba abierta. Me lancé corriendo hacia la sala y encontré a Roy en el piso, sangrando y pidiendo ayuda. Conociendo que las acciones son más importantes que las explicaciones, revisé sus cortaduras y limpié la sangre. Entonces, cuando lo tuve limpio y quieto, lo ayudé a sentarse en el sofá.

Lo que sucedió, me dijo, fue que había tropezado con la raíz de un árbol detrás de un granero y al caerse se rompieron sus anteojos.

«¿Pero cómo pudiste manejar hasta la casa, Roy? ¡Casi diez kilómetros! Con tu rostro cortado y sin anteojos, ¿cómo pudiste hacerlo?»

«No lo se Charlie. Me imagino que el Señor estuvo conmigo.»

A los pocos minutos su esposa llegó y se hizo cargo de él. Después de escuchar lo sucedido, los tres nos tomamos de la mano y oramos.

Cuando me di la vuelta para regresar, él me dijo. «Gracias Charlie. ¿Cómo supiste que te necesitaba?»

Pensé que debía esperar a otra oportunidad para contarle acerca de los testarudos dedos en las llaves de mi auto. Así que le contesté, «Creo que debió haber sido un ángel, Roy.»

Un versículo para Roy. ¿No es también para todos nosotros?

«Busqué al Señor, y El me respondió.»
Salmo 34:4 (B.d.l.A.)

«¡Vé! ¡Ahora mismo!»

ERA LA HORA DE CENAR, y usted sabe lo que eso significa: yo tenía hambre. Pero en esta ocasión también estaba solo, y esto *era* poco usual. Marta había ido a una reunión interdenominacional de mujeres, tres pueblos hacia arriba en la carretera. Se suponía que llegaría dentro de poco a la casa, y nos iríamos hasta la «Cocina de Cecil», donde se come la mejor comida de la región, por varios kilómetros a la redonda.

Desde mi estudio podía ver ambas entradas que daban a nuestra gran casa. Mantuve el ojo en la puerta, listo para correr y saludarla tan pronto llegara. A ella le gustaba eso, y a mí también.

De momento, mientras estaba allí sentado, pensando en mi día, tuve esta extraña sensación, un sentimiento de que algo malo iba a pasar. Algo estaba mal en alguna parte, y no me gustaba. Pero ya que el sentimiento no me señalaba un lugar, lo descarté y seguí en mis ocupaciones.

Luego sentí esa nube negra en mi corazón una vez más. En esta ocasión una voz en mi cabeza me dijo: «*La familia Haroldsen. Ellos están necesitándote*». Una hermosa pareja joven, David y Rebecca. Se habían mudado a nuestro pueblo hacía ya tres meses. Eran asistentes regulares a nuestro servicio. Yo los había visitado en su casa, y eran el tipo de personas de «deseo conocerlo mejor». David era un tirador de línea para la compañía eléctrica rural; tenían tres hijos pequeños.

Sin embargo, en ese momento yo deseaba estar con Martha, así que, como sucede usualmente cuando estoy intentando apagar una *dirección interna*, expliqué: «Ella ha estado afuera todo el día. Estará al llegar en cualquier momento. Vamos a ir a lo de Cecil.» Usted, acaso, ¿no tiene estas conversaciones silenciosas a veces? ¿O en voz alta..., si nadie lo está escuchando? Pero, sea dicho de paso, ¿a quién le estamos reportando esas excusas? ¿A nosotros?, ¿a nuestra consciencia?, ¿o será al Señor?

Quién sea o lo que sea, una vez más apagué la señal. Regresé a vigilar a Martha. Realmente todavía faltaban treinta minutos antes de que ella llegase a la casa. Entonces me metí en mi oficina, buscando alguna forma de pasar el tiempo hasta que llegase. Y allí, una vez más, vino el impulso; esta vez con fuerza: «¡Vé! ¡Vé ahora! ¡Ya!»

Tres veces, eso fue suficiente. Tres veces es mi regla. Yo había aprendido que podía ganarle a la voz interior una vez, quizás dos, pero nunca tres veces. Mi límite había llegado; así que cerré la puerta del estudio, me metí en el auto, y salí. Sólo unas cuadras y estaba allí.

Mientras caminaba hacia la casa, escuché a una mujer gritando. ¿Podría ser Rebecca? ¿Ella en problemas? Apurando mis pasos, abrí la puerta y allí estaba ella de pie: con el teléfono en la mano, el bebé en sus brazos, los otros dos colgando de su vestido. Nunca se me olvidará esa imagen. Horror al extremo. Pánico. Espanto. *¡Ellos estaban llamando de la oficina para decir que su David se había electrocutado!*

El próximo sonido que usted puede escuchar es el

de un corazón roto. El mío. ¿O debiera decir de cinco corazones rotos?

Nunca en mi vida he sentido tanta tristeza por alguien. Una amorosa dama, que en una tarde se convierte, de repente, en una viuda. Tres niños pequeños que, en un terrible momento, se convierten en huérfanos de padre.

¿Qué puede decir un ministro en una hora como esta? No mucho, no en ese momento. Lo único que puede hacer es estar allí, tocar una mano, tratar de aliviar un alma destrozada.

Transcurriendo a través de las horas de esta tragedia, le puedo decir que me siento orgulloso de las mujeres de mi iglesia. También orgulloso de los muchachos de la compañía Eléctrica Rural. Los hombres vinieron solos o con sus esposas para ayudar con lo que podían. La familia Haroldsen era nueva, eran realmente extraños. Pero, ¿quién en un pueblo pequeño es extraño cuando alguien esta sufriendo? Comida de todo tipo, flores de todo tipo, amor, real amor, amor puro de Dios.

Luego vinieron los familiares, y ellos eran una colección superior de jóvenes, edad mediana, mayores, ancianos, ...de toda clase. La iglesia estaba llena para el servicio por David. Las personas en nuestro pueblo eran así. Ellos vivían por el credo introspectivo: «No preguntes por quién doblan las campanas; doblan por ti.»

Antes de que ella regresara a vivir cerca de sus padres, con Rebecca nos convertimos en buenos amigos. El pastor y la madre con el corazón destrozado, compartiendo el dolor, discutiéndolo todo, preguntándose: «¿Por qué? ¿Cómo puedes permitir que esto pase,

Señor? ¡Simplemente no es justo!» Charlamos todo tipo de cosas como esas, y como diría el escritor sabio: «Salimos por la misma puerta que entramos.»

Esos son momentos terribles, cuando uno se siente tan desamparado. Buscamos por algo que decir, algo que hacer, y sin embargo sabemos que es un hecho solemne: Lo que se necesita hacer no puedes hacerlo. «Regresa, David. Te necesitamos aquí.» Pero ya que sólo estamos hablándole a deseos vacíos, seguimos hablando, seguimos preguntándonos, compartiendo el silencio, luego seguimos hablando, y preguntándonos.

Un día, tres años después, recibí una carta de Rebecca. Ella se estaba casando de nuevo, con un hombre muy bueno que amaba a sus hijos. ¿Oraría por ella, y por él y por todos juntos?

Lo hice. Las personas de nuestra iglesia también lo hicieron, y estoy segura que su familia estaba orando también.

Me gustaría poder decirles que Rebecca y su nuevo esposo vivieron felices por el resto de su vida, pero no fue así. Tres hijos era mucho para él, y ella se quedó sola de nuevo. Así que regresamos a la misma vieja pregunta: «¿Por qué? ¿Cómo puedes dejar que esto pase, Señor? Simplemente no es justo.»

Hoy, considerándolo todo, Rebecca está bastante bien. Ella era de una calidad extra fina, ¿recuerda? Ella aún se sostiene fuertemente de ese verso en Romanos: «Y sabemos que a los que aman a Dios, todas las cosas les ayudan a bien, esto es, a los que conforme a su propósito son llamados.» (Romanos 8:28). Ella está activa en su iglesia, tiene un buen trabajo, sus tres hijos son ciudadanos de primera clase. Todos ellos están ahora casados, y Rebecca es una abuela con un equipo superior de nietos. «¡Tanta bendición...!», dice ella, «Yo no sé qué haría sin ellos...» Sí. Considerándolo, es un buen reporte, y me alegra.

También estoy alegre por esta nota en su última carta:

> «Estoy considerando casarme de nuevo. Clyde es diez años mayor, un verdadero caballero cristiano. Algún día, cuando nos volvamos a ver, te contaré cómo nos conocimos. Es casi increíble. Te encantará; casi puedo escucharte decir: "Eso lo tuvo que haber hecho un ángel."
>
> »A veces recuerdo ese día terrible cuando llegaste justo en el momento en que estaba recibiendo la noticia. Pienso que *eso* tuvo que haber sido un ángel también.»

Yo también lo pienso, Rebecca. ¿De qué otra forma pude haber recibido el mensaje, sino por intervención divina? Aún no entiendo la parte terrible del mismo. ¿Dónde estaba Dios cuando se rompió el cable?

Las mismas preguntas. Las mismas incógnitas. ¿Pero no creen que esta es un promesa maravillosa de nuestro Señor?

> *«Lo que yo hago, tú no lo comprendes ahora;*
> *mas lo entenderás después.»*
> Juan 13:7

Capítulo

SEIS

Bebés, niños,
y los ángeles

«*Tu me conoces, Charlie. Yo siempre he sido uno de la especie de Tomás, el incrédulo. Pero te digo en realidad que cuando sostuve al pequeño Jason en mis brazos, mi escepticismo se derrumbó. ¿Cómo alguien podría experimentar los sentimientos que trae el tener un bebé, sin creer que Dios es milagroso? Es maravillosos cómo se ve el plan de Dios claramente en momentos como este, ¿verdad? ¿Por*

qué Felicia y yo fuimos al mismo colegio? ¿Por qué nos casamos el uno con el otro, en vez de con personas diferentes? Yo conozco la respuesta. Nunca hubiera nacido, precisamente, nuestro pequeño Jason, si todas estas cosas no hubiesen sucedido. El es tan absolutamente perfecto... Tiene que haber habido un gran trabajo de planeamiento anticipado, para crearlo a él y traerlo hasta Felicia y yo. Y te digo algo más, Charlie. Puedes hablar sobre los ángeles todo lo que desees ahora, porque desde esta semana en adelante soy un gran creyente.»

Una página de cinco que componen una carta. Un joven padre eufórico, compartiendo su exuberancia con su pastor anterior. La Biblia dice, «Un pequeño niño, los guiará». ...Y también lo hará un recién nacido.

¿Cuál es la relación entre los bebés, los ángeles, y los niños? De nuevo, en la Biblia se encuentra otro emocionante estudio esperando por nosotros: Busque en todo el Antiguo y el Nuevo Testamento, allí donde los ángeles han tenido algo que ver con los pequeños y los niños. ¿Y que tal esto para comenzar?: «¿Cuántas veces un ángel le dijo a algún futuro padre cómo lo tendría que llamar al niño?»

Philip y el automóvil veloz

PHILIP TENIA TRES AÑOS y siempre estaba activo. Era muy independiente, por lo que se perdía por lo menos una vez al día. Era una pequeña villa en Nebraska, y vivíamos bastante cerca del «centro». Una fábrica de madera y la estación de bomberos estaban en el camino hacia el centro, y esos dos lugares eran usualmente número uno y dos en nuestra lista para revisar cuando Philip se perdía. El amaba esos lugares, y los trabajadores allí también amaban a Philip –especialmente el bombero Dalmatian.

Philip era un favorito en la maderera también. Los clientes y los empleados lo tenían de mascota. Le daban goma de mascar de la máquina que las vendía, así como refrescos gratis. Cuando comenzaba a molestar, el contador amablemente nos daba una llamada.

Era un buen acuerdo para todos, especialmente para Philip. Pero este día estábamos listos para nuestra cena y él no aparecía. Después de revisar sus escondites favoritos, sabíamos que tenía que estar en algún otro sitio, así que comenzamos nuestra búsqueda diaria. En ocasiones estaba jugando en los balcones, así que comenzamos allí.

Mientras abrimos la puerta delantera, allí encontramos a Philip, pero no en el balcón. El estaba inclinado hacia adelante, en medio de la calle principal. Nuestro hijo estaba examinando algo maravilloso.

¿Una roca? ¿Las hormigas en guardia? ¿El cigarro viejo de alguna persona? En su mundo, todo lo que encontraba era digno de su atención –excepto por los autos rojos rugiendo cerca de los niños pequeños; él no le prestaba ninguna atención a ellos.

¿Habrá una villa lo suficientemente pequeña para que no tenga por lo menos un auto rojo, con un conductor veloz en su interior? El nuestro era un buen muchacho, realmente, yo lo conocía bien. Asistía al grupo de jóvenes de nuestra iglesia y todo el mundo lo quería. El había sido denunciado con frecuencia, había pagado un sinnúmero de multas, y en dos ocasiones su licencia había sido suspendida.

Ahora estaba allí, manejando a toda velocidad, calle abajo, dirigiéndose directamente hacia nuestro pequeño. Ambos gritamos con fuerza, cosa que no hizo mella en la investigación científica de Philip. Tampoco hizo ninguna diferencia en la velocidad del desastre eminente. Por supuesto que oramos. «¡Oh, Dios! ¡No!» Al final de cuentas, esa también es una forma de orar, ¿no es verdad?

Luego de momento, a una distancia de dos o tres autos de donde estaba Philip, el auto rojo dio un frenazo estridente y paró en seco. Arrojándome para recoger a nuestro precioso hijo (ahora, más precioso que nunca), lo tomé en mis manos y prorrumpí en llanto.

Finalmente, cuando recuperé mi aliento –cuando pude pensar dónde estaba y qué debía hacer como próximo paso– caminé hasta el auto rojo. Para ese entonces había varios jovencitos alrededor del auto, riéndose, conversando, …¡siendo adolescentes!

Dirigiéndome hacia la ventana del conductor, le dije:

—Gracias Kenny, por detenerte a tiempo. Tenía tanto temor de que pudieras haberle dado. Gracias, gracias.

—¿Qué me dice? ¿De qué me está hablando?

—¿No vistes a Philip delante de tu camino? Estaba allí agachado, mirando algo en la calle. ¿No nos escuchaste gritando?

—No. Nunca vi nada. Nunca escuché nada.

—Entonces, ¿por qué te detuviste? De repente te detuviste.

—Bueno,… mis amigos me saludaron. Por eso me detuve.

—¿Ninguno de ustedes, muchachos, vieron a mi pequeño en la calle? ¡Allí mismo, delante del auto de Kenny!

—No. No vimos nada. Sólo a Kenny. Así que salimos para saludarlo.

Entonces uno de los miembros del grupo más precoz dijo:

—¡Qué suerte que Kenny nos viera saludándolo!, ¿verdad?

¿Sería suerte? El diccionario dice que la suerte es el conjunto de «eventos o circunstancias que operan a favor o en contra de un individuo». Pero, ¿estaría bien si lo aplicamos a favor o en contra de un grupo, como por ejemplo, nuestro pequeño estudiando la vida en medio de la calle, y una madre y padre que pueden respirar de nuevo, y el auto rojo del pueblo, que realmente no era tan malo y ciertamente no era un asesino, y sus amigos, que se economizaron el recuerdo más terrible de sus vidas? «Gracias, Señor, que este evento operó *a favor* y no *en contra* de tantas personas.»

Así que, defínalo de la forma que le guste y dígalo de la forma que le convenga. Suerte. Casualidad. Destino. Ironía. Pero mirando hacia atrás, yo diré: «Gracias Señor, por otro roce de un ala de ángel. Gracias que los ángeles pueden usar el saludo de amigos para detener un auto. Gracias también por que un joven conductor veloz vio los saludos angelicales y, haciendo chillar los frenos, se detuvo en seco.»

«Porque tú eres grande, y hacedor de maravillas»
Salmos 86:10

Ronnie y su iglesia que ora

«*Y estas palabras que yo te mando hoy,
estarán sobre vuestro corazón; y las repetirás a tus hijos,
y hablarás de ellas estando en tu casa, y andando por el camino,
y al acostarte, y cuando te levantes. Y las atarás como una señal
en tu mano, y estarán como frontales entre tus ojos; y las escribirás
en los postes de tu casa, y en tus puertas.*» Deuteronomio 6:6–9

«VÍSPERAS» ERA UN SERVICIO para la gente joven, desde los bebés hasta los que eran estudiantes universitarios. Cada domingo en la noche, a las cinco de la tarde, ellos llegaban a la capilla. Traían a sus amigos y se armaba allí una buena reunión. Entonces se dejaban oír las canciones favoritas de los niños, el coro de niños, números especiales, bautismos frecuentes. También teníamos un momento para orar y para peticiones de oración. Y un «Tiempo de historia de la Biblia», en lugar de un «sermón». Luego los momentos para preguntas y respuestas de los niños, para los niños. Nuestro anuncio en el boletín decía: «Los padres son bienvenidos a las Vísperas, siempre y cuando *no* tengan nada que decir en el momento de las preguntas. (Esta nota fue escrita por los niños.)»

Ronnie siempre estaba allí con su mamá, su papá y sus dos hermanas. Ronnie tenía cinco años, y en este año iría a preescolar. Sería una mejor clase de preescolar también, porque Ronnie era divertido; tenía una gran sonrisa y era amigos de todos.

Sólo que este domingo Ronnie no se encontraba entre nosotros. Sus dos hermanas sí, pero no Walt y Helen, los padres de Ronnie; ellos tampoco estaban allí. Se encontraban en el hospital, con un Ronnie muy enfermo. Le habían sobrevenidon varios males juntos, y los médicos estaban confundidos. Nosotros tenemos médicos excelentes en nuestro pueblo, y una de sus mayores virtudes era que cuando no sabían lo que estaba mal con la persona, lo decían.

En esta ocasión, todos lo decían, y eso significó un viaje rápido a la gran ciudad. Casi todo el mundo en nuestro pueblo trabajaba para la misma compañía, y esa compañía tenía un pequeño avión tipo ejecutivo, listo para salir a cualquier sitio cuando fuera necesario. Yo pensé que esto demostraba una verdadera clase: en ocasiones, cuando alguien estaba peligrosamente enfermo –fuera trabajador de la compañía o no– allí salía el avión, llevando a uno de nuestros ciudadanos.

Hablé con la madre de Ronnie ese domingo en la mañana, y ella me dijo que aún no sabían mucho. Le habían hecho todo tipo de exámenes, pero sin diagnóstico aún. Oré con ella por teléfono y le aseguré que continuaríamos haciéndolo por ellos en todos los servicios, incluyendo *las Vísperas*. Y así lo hicimos.

Ronnie, su familia y muchos amigos nos encontrábamos verdaderamente preocupados. Comenzamos esta Víspera en particular con un simple anuncio diciendo lo que se sabía, seguido de un largo tiempo de oración en silencio. Helen había prometido que llamaría de regreso si había algún cambio, cualquier noticia.

Y la hubo. A las ocho y media esa noche contesté el teléfono en nuestra casa y escuché una de las voces más jubilosas que haya oído, era la mamá de Ronnie.

—No lo vas a creer, pero tarde, bien tarde, Ronnie se sentó, dijo que tenía hambre, y pidió regresar a casa. Cuando llegaron las enfermeras llamaron al médico. El lo miró y preguntó: «¿Qué pasó?» Luego comenzó a examinar la presión arterial de Ronnie, sus latidos, su temperatura, todo. Y lo único que pudo pensar es que quizás algunos de los antibióticos fuertes hizo su efecto.

Helen hizo una pausa y luego continuó.

—Yo le dije: «Doctor, las personas en nuestra iglesia estaban orando por Ronnie hoy, incluyendo los niños de la Víspera».

Ella se rió.

—¿Sabes lo que hizo, entonces? Se dio vuelta, me miró por un largo rato y me dijo: «Supongo que las oraciones también hicieron su efecto, ¿verdad? ¿Le puede dar las gracias a ellos, por mí?»

Helen y yo hablamos por largo tiempo. Y luego le pregunté:

—¿Recuerdas la hora cuando Ronnie se sentó y pidió de comer?

—¡Ciertamente! —me respondió. —Wally y yo estábamos pensando sobre todos ustedes, que estaban orando en la Víspera, así que estábamos orando también. Eso tuvo que haber sido un poco después de las cinco, ¿verdad?

Aquí viene de nuevo esa pregunta. ¿Qué tienen que ver los ángeles con la increíble recuperación de Ronnie? Quizás nada. Pero, pensándolo bien: ¿Cuántos ángeles pudieran haber estado sirviendo al Señor y dónde? ¿Estarían con los médicos que sabían que este problema necesitaba de un conocimiento que fuera más allá del de sus propias habilidades? La humildad es una característica tan rara, los ángeles tienen su forma de mantenernos humildes. ¿Estaban los ángeles, acaso, con los ejecutivos de la compañía que tuvieron la idea de usar su avión ejecutivo para necesidades de emergencias médicas? Los ángeles pueden permear el mundo secular también, ¿verdad? ¿Y esos santos de la iglesia que diseñaron esto de «las Vísperas»? ¿Quién los inspiró? ¿Quién los ayudó a vender la idea de un servicio sólo para niños? Las preguntas podrían seguir, y seguir, ¿verdad?

Señor, gracias por el roce de un ala de ángel,
a través de tantas personas en tantos lugares.

Karen y las gemelas

KAREN, NUESTRA UNICA HIJA, de edad de trece años, iba a salir de viaje con sus dos mejores amigas, las gemelas, y otra amiga más con quien se estaban preparando. Destino: la playa de Galveston, un viaje corto en la tarde, bajando por la carretera de Houston. La camioneta de los padres de las gemelas era uno de esos «divertidos» asientos traseros. «¿*Te gustaría saber dónde has estado? Siéntate atrás, mirando hacia atrás.*»

«Vamos a echarlo a la suerte. En esta ocasión la suerte cayó sobre Karen y Janice.» Ellas ganaron los asientos de atrás, las otras dos jovencitas iban adelante. Empaquetaron las maletas de playa, muchas golosinas, y ya estaban listas para partir.

De repente, sin ninguna razón aparente, Karen anunció:

—Yo no puedo ir. Tengo que ir a mi casa para ayudar a mi mamá.

—¿Qué te pasa Karen? ¿Estás enferma?

—¿Alguien te hirió en tus sentimientos?

—¡Vamos a divertirnos tanto…! Por favor, ven con nosotras.

Karen no cambiaba de opinión, pero tampoco podía ofrecer una explicación. No estaba enferma. Nadie la había herido sus sentimientos. Así que para asombro de todos —incluyendo a su propia mamá—, ella llamó a la casa.

—Pero Karen, ya has terminado tus labores. Yo realmente no necesito más ayuda esta tarde. ¿Te pasa algo? ¿Estás enferma? ¿Discutiste con tus amigas?

—No, Mami. Simplemente no puedo ir. Por favor, ven a buscarme.

Durante toda la tarde, Karen se sentó en su habitación a escuchar música. Durante toda la tarde su madre y yo discutimos la situación. ¿Debiéramos llevarla al médico? Y si así fuera, entonces, ¿a qué clase de médico?

Al fin, la camioneta se dirigió hacia Galveston. Sin Karen, todas las niñas mirando hacia adelante. Mientras el auto andaba en el atestado tránsito, pegado defensa con defensa, ellas hablaban del extraño comportamiento de su amiga.

Entonces sucedió. De repente, una reacción en cadena. Autos chocando con autos en la carretera de Galveston. Las personas gritando. Las personas heridas. ¿Y allí se encontraba la camioneta? Así es: lo adivinó. En el mismo centro de los choques.

El comentario de la patrulla de caminos: «Fue algo bueno, que nadie hubiese estado en el asiento trasero, amigos. De ser así, alguien hubiera muerto.»

Un antiguo pastor de la Tierra Santa, nos da un nuevo enfoque sobre un verso familiar de la Biblia: «El restaura mi alma.» Este verso, nos cuenta, debiera ser interpretado: «El regresa mi alma.» La vara del pastor tiene una curva al final, por varias razones. Una es para hacer regresar a las ovejas, alejándolas de algún peligro. A punto de tomar de aguas envenenadas, a punto de caer de un precipicio, y así la oveja puede ser «restaurada» a la seguridad del rebaño. «Regresar» por el cayado del pastor.

Nuestra oración en particular en esa noche era:

Gracias, Buen Pastor
por regresar nuestra oveja adolescente
esta tarde.

Sidney y el toro

S IDNEY ERA UNO DE MIS mejores amigos. Eramos vecinos en el campo, y a menudo caminábamos juntos del colegio a la casa. Amigos de quinto grado. Cada tarde a la salida del colegio caminábamos tirando rocas, divirtiéndonos. Pero un día yo no estaba con Sidney, y él tuvo una experiencia inolvidable. El gran toro rojo se volvió loco. Ellos se ponen así en ocasiones, cuando deciden que los muchachos del colegio ya han molestado bastante en su territorio.

Así que el toro le cayó detrás a Sidney y Sidney corrió. Eso es algo bueno para hacer cuando un toro se vuelve loco. Pero era un tramo largo hasta la cerca, y el toro corría más rápido que Sidney. Aunque tiró todos sus libros, el toro estaba ganando terreno mientras se dirigía hasta la puerta. Sabiendo que esta era la puerta más alta de alrededor, Sidney se dio cuenta de la terrible realidad. Si tomaba el tiempo para subirla, la oportunidad de ser embestido estaban alrededor de un 100%. Así que brincó, y le pasó por encima a la puerta.

No hay nada extraño en particular sobre un muchacho que es perseguido por un toro furioso. Eso ha debido de suceder miles de veces en la historia de los toros y los muchachos. Pero un día, por pura curiosidad, mi amigo y yo regresamos y tratamos de brincar otra vez esa puerta en particular. No importa cuánto tratáramos, no pudimos.

Algunos expertos en sicología humana dicen lo siguiente: hay reservas en todos nosotros que nunca hemos usado. Poderes que nunca hemos usado, ideas ocultas, un sinnúmero de cosas buenas esperando ser liberadas. Algunos dicen que sólo usamos un 50% de nuestras fuerzas, de nuestro cerebro, de nuestras posibilidades. Otros dicen que tan sólo un 10%.

Quizás tengan razón. ¿Sería una coincidencia que Sidney, cuando sus piernas hubieron crecido completamente, se inscribió en el equipo de pista y campo? ¿Y será que simplemente sucedió el que rompiera la marca en obstáculos altos, en la escuela elemental, en la secundaria y en la universidad? Y así siguió rompiendo la marca de obstáculos. Rápido. Alto.

«Señor, ayúdanos a todos a acercarnos a cada reto de la vida, sabiendo que nos has equipado con energías ocultas, potentes y latentes. Y gracias, también porque algunos de tus ángeles parecer entregar corrientes de energía para escapar tinas de aceites, arrancar puertas de los automóviles y brincar cercas altas.»

Los mejores amigos de Jessica

ALGUNAS JOVENCITAS A LOS doce años son altas
y delgadas, mientras que otras permanecen bajitas y
gorditas. Entonces también están las niñas de doce
años como Jessica Ann, perfectas. Un hermoso cabello
rojizo, hermosa sonrisa. Si usted la hubiera visto esa
noche habría dicho: «Esto tiene que ser lo que quieren
decir por "Algo hermoso y alegre para siempre".»

Fue durante un diálogo después de una reunión
de una sesión sobre los ángeles. Ellos me pidieron que
hablara del tema de los ángeles, y, como siempre, era
mucho el interés. Escuchábamos los reportes de varias
personas describiendo sus sucesos extraordinarios.
Historias fascinantes y muchas preguntas.

A medida que se nos fue acabando el tiempo, un
caballero de apariencia digna pidió la palabra. Entonces, en vez de hablar desde donde estaba, caminó hasta el frente para dirigirse a todos nosotros.

—He escuchado todo lo que cada uno de ustedes
ha dicho aquí esta noche —comenzó diciendo, —y me
siento impulsado a decir algo. Pero ustedes no estarán
de acuerdo porque la plena verdad es que se están di-
luyendo a ustedes mismos. Están dejando que su imaginación se aventure sin control; alguno de ustedes
puede ser que estén alucinando; y eso también va para
usted, Dr. Charly Shedd —me dijo, para luego continuar: —Soy un médico, y vine aquí esta noche desde

otro pueblo esperando encontrar algún conocimiento sobre el tema de los ángeles.

Obviamente he vuelto a abrir otro pozo seco. Y esa es la manera en que siempre sucede. Durante toda mi vida he escuchado reportes de personas sobre percepción extrasensorial y cosas semejantes. Todo médico que lidia con una persona seriamente enferma tropieza con eso una y otra vez. Yo he deseado que en algún momento, en algún lugar, todo cobrara sentido, pero no es así. Así que estoy aquí, decepcionado una vez más.

En caso de que piensen que yo soy anti–Dios, debieran saber que voy a la iglesia. Soy miembro del ejecutivo de la iglesia. Diezmo. Oro. Leo mi Biblia. He estudiado las historias bíblicas sobre los ángeles y sólo puedo llegar a la conclusión de que los escritores bíblicos estaban tratando de decirnos algo que sucedió sólo en esa época. ¿Ahora, realmente, no creen Uds. que si los ángeles *fueran reales* en nuestros días, como médico yo hubiese tenido al menos una experiencia que pudiera acreditar a las huestes celestiales?

Así que sólo puedo decir que si ustedes están en lo cierto, entonces hay algo equivocado en mí. Yo no creía en los ángeles cuando vine aquí. Yo no creo en los ángeles ahora. Buenas noches—.

Entonces él se dio la vuelta y empezó a caminar hacia la puerta. Pero justo antes de llegar a la salida, esta maravillosa jovencita de cabello rojizo se levantó de su asiento y dijo:

—Doctor, ¿podría esperar un minuto? Yo lo he escuchado a usted. Por favor, regrese y escúcheme a mí.

El lo hizo. Y esto es lo que él escuchó.

—Mi nombre es Jessica Ann, y tengo doce años de

edad. Estoy terminando el sexto grado este mes. El año próximo entraré en la escuela intermedia y estoy ansiosa porque esto suceda. Vivo con mi mamá, porque mi padre nos abandonó hace tres años.

Mi madre y yo sabemos que nunca hubiéramos podido sobrevivir sin todas las cosas que los ángeles han hecho por nosotras desde que mi padre nos abandonó. ¿Puede imaginarse cómo es cuando su mamá ni siquiera tiene un empleo y se pregunta cómo podrá lograrlo?

Bueno, ella tiene un buen trabajo ahora, y si yo tuviera tiempo, le podría contar cómo un ángel la ayudó a conseguirlo. Cuando yo estuve en medio de un accidente y ellos temieron que quedaría marcada con cicatrices para siempre, estamos seguras que fue un ángel que no permitió que eso sucediera.

Hay muchísimo más que podría contarle sobre los ángeles y lo que han hecho por nosotras. Ellos nos dicen qué hacer, dónde ir, lo que está correcto para nosotras y lo que no. Espero que algún día usted cambie su modo de pensar y llegue a conocer lo que mi mamá y yo conocemos. Y esto es algo que yo sé con seguridad: *mientras más le gusten los ángeles, más le gustará usted a ellos.* Así que, quizás, eso es lo que está equivocado en usted. Si tratara de ser buen amigo de los ángeles –aunque sea una vez– quizás ellos serían mejores amigos suyos.

Final del discurso, final de la historia, y siento mucho que ese sea el final. ¡Si tan sólo hubiera tomado el nombre y la dirección del médico...! ¡Si tan sólo hubiera hecho lo mismo con Jessica...! Ni siquiera sé si el médico se impresionó, pero usted puede estar seguro de esto: cada uno de nosotros no solamente quedamos impresionados, sino que fuimos sorprendidos. ¿Cómo es que esta jovencita, tan cerca de la adolescencia, podía ser tan madura, tan segura de sí misma?

Si usted es uno que cree en los ángeles, pienso que estará de acuerdo:

Los ángeles *pueden* hacer cosas maravillosas por las niñas y sus mamás; por otras niñas que saben que ellas *no tienen* que ir a algún lugar el domingo en la tarde; por un pequeño niño en el hospital y por otro huyendo de un toro—.

Buen pensamiento, Jessica: Así que, si tratase de ser mejor amigo con los ángeles, ¿ellos tratarían de serlo conmigo?

Capítulo
SIETE

Los ángeles
y los casamenteros

En mis años como ministro me he convencido de que hay una gran asociación de ángeles cuyo único trabajo es unir a las parejas:

«Lo supimos desde el momento en que nos conocimos.»

«No me gustaba al principio, pero gradualmente algo cambió en mi mente, y di un cambio completo.»

«*Me enamoré de su voz antes de conocerla.*»

Y así sigue y sigue.

De todos las asignaciones dadas a los ángeles, este grupo, seguramente, incluye los episodios más graciosos, sonrientes y diseñados. Y les doy las gracias a ustedes, ángeles, que pueden usar al clero también para presentaciones románticas.

De todo-un americano
a todo-Martha

SU VOZ ERA COMO UNA CANCION, y considerando su tema, era sorprendente. Ella estaba leyendo historia. «Datos importantes», dijo la maestra. Personas importantes también, además de lugares importantes. Pero, ¿qué me importa? ¡A mí no me gustaban las muchachas!

La pequeña comunidad donde crecí tenía varias cosas sucediéndole. Pero nada mejor que las posibilidades del colegio para los de octavo grado. Podíamos escoger cualquiera de las cuatro escuelas superiores. Eramos una villa no incorporada con ninguna lealtad educacional. Así que, ¿cuál iba a ser: East Waterloo, West Waterloo, Cedar Falls, o el College High?

Para aquellos de nosotros en el equipo de fútbol de octavo grado, no había ningún debate. Cada año West Waterloo terminaba con fuerza, a menudo ganando los campeonatos estatales. Cada año sus jugadores llegaban hasta el seleccionado del estado. A algunos les ofrecían becas para «los mejores diez» colegios. Unos cuantos en la historia de West High han llegado inclusive a ser profesionales.

Para mí no había duda. Yo iría a West Waterloo. Todo-mejores diez. Todo-americano. Todo-profesional. Todo-Charlie.

A principio de junio de ese verano, el pueblo de Cedar Falls anexó a nuestra pequeña villa, y allí escogí. Se suponía que me matricularía en el colegio más cercano, y eso significaba la escuela superior de Cedar Falls. Nadie podía recordar cuándo había sido la última vez que había ganado una temporada.

¿Qué podemos hacer cuando nuestras esperanzas se estrellan? La depresión en la escuela elemental no puede ser peor que la depresión en cualquier otra etapa. Quizás sólo *parece* peor. Para mí, ese verano, este era el peor de todos los golpes bajos del mundo.

Así que salí para la escuela superior de Cedar Falls, un poco confundido, haciendo muecas de resignación y desconformismo por todo el viaje.

Era una gran pregunta a nivel de octavo grado: «¿Por qué Dios me haría esto? ¡A mí! El futuro todo-*mejores diez*, todo-americano, todo-profesional, ...todo-hecho-un-deprimido. ¿Cómo podía El hacerme esto?»

La temporada de fútbol iba a abrir el viernes en la noche. Habíamos estado practicando por tres semanas. Antes de que comenzara el colegio, el entrenador nos había estado entrenando. Estaba mirando hacia afuera por la ventana del aula, preguntándome: «¿Estaré en la línea de comienzo? Los de primer año usualmente se sientan en las bancas, pero quizás tuviera una oportunidad. Necesitamos a los fuertes en la línea y yo soy fuerte», pensaba para mí.

Entonces escuché una voz, una voz como de una canción. Ella estaba vestida de amarillo. Una chaqueta amarilla, saya amarilla. Había un aura en cuanto a ella, que nunca había visto en ninguna muchacha antes, y un nuevo sonido también. ¿Qué es esto en toda la información que está leyendo? Se suponía que era historia, pero por cierto había más. ¿Una música de fondo? ¿Una música del alma? ¿Un *angelus* con una palabra que llevaba por título *Charlie*?

Estuvimos en varias clases juntos, y mientras la estudiaba, recogí un ritual interesante. Siempre, antes del timbre que llamaba: «¡Atención, clase!» ella iba a la mesa de la maestra y afilaba su lápiz. Eso me gustó. «Que esté preparado, y especialmente afilado.»

No contando con mucha habilidad en los asuntos del primer amor, yo planeé cómo acercarme. ¿Y qué tal le suena esto para un amateur? En la casa buscaba por lápices sin punta afilada, y cada día me unía a ella junto al sacapuntas.

Durante nuestros primeros afilones de lápices juntos, tropezamos alrededor buscando algún interés en común. Entonces encontramos un tema. A ella le gustaba patinar en hielo, y a mí también. La mayoría de los adolescentes de Iowa patinan bien, porque patinamos a menudo, y patinamos por muchas razones. La razón número uno en este momento era: «niños y niñas juntos».

La Laguna de Washington era grande, con hielo suave en su superficie, hermosos árboles sobresalientes, y una inmensa fogata para calentarnos. También había diferentes arcos para aquellos que se calentaban mejor con un poco de privacidad. *Busquemos una glorieta privada, Charlie, para pode conversar, conversar, conversar.*

Cuando llegó el verano, estaba listo. En las clases de *Entrenamiento manual* había aprendido exactamente lo que ahora necesitaba: «¿Cómo construir un bote de remo?» Así que construí uno. Sólido, remaba fácil, lo pinté de amarillo. Amarillo era su color favorito, yo era su amigo favorito, y este era nuestro río favorito. Así que salíamos en mi bote para encontrar otra enramada de jardín privada. Idílico. Romántico. ¡Hasta los pájaros estaban cantando ese verano nuestras canciones favoritas! Pero eso no fue todo. ¿Cuántas veces, durante esos cinco, seis, siete inviernos y veranos de nuestro romance, sucedió que sentíramos el toque de un ala de ángel…? Sabíamos que Dios había enviado a alguien directamente desde el cielo para enseñarnos, para guiarnos y protegernos, y unir así estos dos corazones para El.

¿Fútbol? ¡Oh, sí! Había un juego llamado así, ¿verdad? Y, ¿no había escuchado algo en una ocasión sobre una meta frívola llamada *todo-americano*? Pero, ¿por qué esas cosas triviales debían molestarme?

Desde ese momento en adelante fui todo-Martha,
todo-por completo para ella,
y ella toda-por completo para mí.
Absolutamente, un 100%, «Angelical.»

Encuentro de amor
en la Catedral de Cristal

E STÁBAMOS EN EL ESTUDIO del Dr. Schuller, en el último piso de la Catedral de Cristal. Es una extraordinaria casa del Señor. Piedra y cristal bajo el sol de California. Yo estaba hablando por teléfono con mi viejo amigo Lawrence Johnson. ¿Viejo? Depende de su etiqueta para «viejo.» Ochenta años no es viejo si usted es un «viejo» como Lawrence Johnson. Por muchos años fuimos compañeros de trabajo, compartiendo la más profunda amistad.

Pero durante esta llamada telefónica en particular, ¿estábamos hablando de nuestros años en el ministerio? No, estábamos hablando sobre una mujer, que Martha y yo habíamos encontrado para Lawrence.

Antes de que usted piense que estábamos en un negocio de novia por correspondencia, sintonice su corazón para mi explicación.

Houston, Texas, era un ciudad palpitante en el principio de los años sesentas. Un centro petrolero, centro de embarque internacional, centro espacial, cientos de nuevas personas mudándose a Houston diariamente. Y en una esquina estratégica, en medio de todo este crecimiento sería construida la Iglesia Presbiteriana Memorial Drive, organizada nuevamente. Necesitábamos ayuda. Dos mil miembros en cinco años y creciendo demasiado a prisa. Ciertamente demasiado aprisa para un pastor. Fue así que invité a Lawrence a que viniera desde Oklahoma y me ayudara. El era exactamente el tipo de ayuda que necesitaba. Visitar a los miembros, a los nuevos visitantes, a los enfermos y a los sanos. Hacerles saber que alguien se ocupa, «que alguien los ama».

Cuando renuncié a la gran iglesia por una más pequeña, una que me diera tiempo para escribir, Lawrence se quedó. En el momento de esta historia, él estaba trabajando en otra posición importante. Cinco días cada semana, ocho horas cada día, él estaba ministrando a los presbiterianos de afuera de la ciudad, en el inmenso Centro Médico de Houston.

Lawrence y su esposa, Elizabeth, estaban llegando a su 50 aniversario. Por mucho tiempo ella no se estaba sintiendo bien, y estaba dolorida.

—Charlie —ella me confesó, —Voy a quedarme hasta la celebración de oro de matrimonio, y luego me voy.

Y eso fue exactamente lo que hizo. Lawrence se convirtió en un viudo solitario.

Después de cuatro años de estar viviendo solo, un día Lawrence hizo una llamada telefónica poco usual para compartir la decisión más extraordinaria.

—Charlie —comenzó, —me siento solo. Deseo casarme de nuevo, y tengo un plan. Ya que tu eres mi mejor amigo, deseo verificarlo contigo.

A renglón seguido me detalló su plan, y este era, en realidad, extraordinario. El regresaría a algunos de sus viejos compañeros y los visitaría. Especialmente él visitaría cierta viuda, una mujer que junto con su esposo habían sido unos de sus mejores amigos.

—¿Qué piensas? —me preguntó. Mi respuesta fue exactamente lo que usted hubiera respondido a un amigo tan extraordinario.

—¡Manos a la obra!

Y así que fue.

Pero hablando en términos bíblicos, «regresó con las manos vacías». Entonces seguía aún sin compañía, aún solitario.

Martha y yo íbamos a ir a la Catedral de Cristal ese verano. Yo debería predicar en lugar del Dr. Schuller, mientras él estuviera de vacaciones. Antes de irnos, Lawrence me telefoneó con otra proposición extraordinaria.

—¡Charlie! ¡Mi querido amigo! —comenzó como siempre. —¡Allí en la Catedral de Cristal, tengo entendido, vas a estar predicando a ocho mil personas! ¿En algún lugar entre ellos, no debiera haber una fina dama, exactamente lo que yo necesito? Por favor, cuando te establezcas, ¿podrían ambos mirar alrededor y quizás hacer algunas averiguaciones?

¿Qué no haría un verdadero amigo en un caso como este, sino actuar frente a tal petición? Así que actuamos. El primer día que llegamos a California, Martha y yo fuimos a la oficina del Dr. Schuller. Su secretaria nos había escrito que estaría dispuesta a ayudarnos de cualquier forma que pudiera. Buena oferta. Una dama agradable. Planeamos compartir nuestra misión con ella, contarle sobre Lawrence y sobre lo que estábamos buscando.

Tiene que haber un lugar especial en el cielo para

las secretarias de los pastores. Ellas lo han oído todo, lo han visto todo, lo han hecho todo. Y si no lo han hecho todo, pueden idear alguna forma de hacerlo. Ellas aman los retos, y Barbara tomó este reto.

Cuando estábamos a punto de abandonar su oficina, le dijimos:

—Piénsalo, regresaremos más tarde por nombres e información.

—Haré lo mejor posible —nos prometió. Entonces, de repente, se prendió una luz. —Espera un minuto —dijo, —conozco a la dama que están buscando. ¡Ella es mi suegra! Ella sería absolutamente perfecta. Ella es todo amor, sólo amor. ¡Graciosa, amplia sonrisa, inteligente, ¡y sólo tiene setenta! Su nombre es Helen. Ella está sola, también. ¡Sí, sí, sí! Ella sería justo lo que necesita su amigo predicador.

Martha sonrió:

—La invitaré mañana a almorzar y veré cómo luce.

Cuando regresaron de almorzar el próximo día, yo estaba esperando en la Torre de la Hora de Poder. Mientras Marta pasaba por la puerta me susurró:

—¡Ponle un 100!

Así que yo estaba allí, en el teléfono privado del Dr. Schuller, pasando las buenas noticias a Lawrence.

—Ven —le dije. —Ven de regreso de Alaska.

El se había inscrito en un viaje de paseo. Pero Lawrence, siempre el planeador cauteloso, dudó.

—Te llamo más tarde.

Y lo hizo.

—No puedo hacerlo, Charlie. Lo consulté con mi agente de viaje, y me costaría demasiado dinero detenerme por California.

—Lawrence —le dije adulándolo, —¿cómo un hombre tan inteligente como tu puede ser tan torpe? Cuando tu tienes ochenta años, ¿qué son unos dólares extras para conocer la próxima Sra. Johnson?

Un momento de silencio. Luego:

—Por supuesto; tienes razón, Charlie. Estaré allí.

Así que él llegó. Nosotros estábamos allá y Helen estaba allá. Todos nosotros encontrándonos en el aeropuerto. Mientras Lawrence bajaba del avión, todos lo sentimos enseguida. En cuestión de segundos, nosotros supimos y él supo y ella supo —¡era, nomás!

Ellos han estado casado por quince años ahora. Lawrence, con sus noventa y cuatro, se ha retirado recientemente como Capellán del centro Médico de Houston.

—¿Por qué hiciste eso Lawrence? ¿No podrías seguir trabajando esos pocos años más hasta llegar a la marca centenial?

A lo cual siempre me da la misma repuesta cálida.

—Cuando ustedes se aman tanto como Helen y yo nos amamos, realmente necesitas más tiempo para amarse mutuamente. También necesitas tiempo para viajar. ¿No sabes, acaso, que Helen nunca ha dejado de recordarme que le debo un viaje a Alaska? ¿Sabes? Ella realmente esperaba que yo la invitase a ir conmigo a Alaska en nuestra primera cita.

—Sí —le respondí, —ya creo que sí. Viéndolos a ustedes juntos, cualquiera hubiera pensado eso.

Preguntas, preguntas...

¿Estábamos Martha y yo en la Catedral de Cristal ese verano, solamente para predicar en lugar del Dr. Schuller?

¿Por qué fuimos primero donde la secretaria del Dr. Schuller?

¿Cuántas nueras pudieran recomendar a su suegras sin equivocarse?

¿Por qué estaba Lawrence camino a Alaska, haciendo una parada fácil en California?

Si nos pusiéramos más dispuestos para que Dios pueda unir a personas con personas, ¿nos usaría más a menudo en sus *alegres sorpresas*?

Y cuántos ángeles supone usted que estuvieron envueltos en todas estas intrigantes maquinaciones, trayendo a dos personas juntas hacia un amor permanente?

Son tan perfectas para nosotros, ¿verdad?, estas palabras de Proverbios 3:6:

> *«Reconócelo en todos tus caminos,*
> *y él enderezara tus veredas.»*

Capítulo
OCHO

Gracia previa

*«Previa», un viejo término teológico,
en su origen, significaba simplemente
«antes de tiempo».
El amor de Dios antes de tiempo.*

*Un ángel en la tumba dijo:
«He aquí va delante de vosotros.»*

*El secreto está en asegurarme que lo estoy
siguiendo, en vez de incitarlo a que El me siga.*

*«Vamos, Señor; este es uno de mis días más ocupa-
dos. Hay tanto que hacer… Apúrate. Apúrate»*

*Pero todo el tiempo, Dios va a su paso, haciendo las
cosas de la forma que El sabe que deben ser hechas.
¡Cuándo aprenderé a orar y entenderlo…!*

«Ve tu delante, Señor, yo te seguiré.»

El año que la langosta ha comido

MI SEGUNDO PASTORADO fue en Nebraska. Setecientos miembros y demasiado, demasiado grande la congregación para un joven pastor que había salido del seminario sólo tres años antes.

Sin embargo fui llamado allí, y pienso que de alguna forma ellos sabían que estaban recibiendo a un muchacho para criarlo. Eran amorosos, entusiastas, divertidos. Y siendo granjeros, mantenían nuestro congelador lleno de cuartos traseros, cuartos delantero y todo lo que hay en el medio.

Un viejo y sabio predicador, miembro de la familia de la iglesia de Nebraska, me dijo: «Hijo, no importa lo inteligente que te vuelvas, nunca sabrás tanto como la Biblia. Así que cada semana toma un texto que te guste, y haz lo mejor que puedas. Si haces eso, la mayoría de las personas recibirán algo, aunque sea del mas mínimo de tus esfuerzos.»

Gracias, mi preocupado amigo. Tu consejo fue y aun es correcto. La Palabra del Señor tiene un impacto que nunca podría tener por mí mismo. Como el día de la agradable sorpresa en la tienda de Barmore (que abre todos los días, incluyendo los domingos).

Esta es la historia de unos de mis fracasos. Según mi criterio fue un fracaso, pero Dios tiene un plan mayor. Así es como sucede a menudo en su previsión: amor antes de tiempo.

Como mi texto para ese domingo, había escogido Joel 2:25: «Y os restituiré los años que comió la oruga, el saltón, el revoltón y la langosta, mi gran ejército que envié contra vosotros.»

No hay mucha información en el pasaje, realmente. Sin embargo, me gustaba, ¿y no era, acaso, «donde me gustaba» que mi anciano consejero me había dicho que empezara? Sin embargo, aunque honestamente traté, simplemente no podía predicarlo. Para mí, el pobre asunto cayó como un gran fiasco.

Podía notar que hasta Martha tenía sus dudas. Cuando nos sentamos a su acostumbrada charla sabática, la atmósfera no era como nuestros acostumbrados domingos. Su usual expresión de sonrisa conque siempre me decía: «pienso que eres maravilloso», estaba un poco disimulada. Así que discutimos mis sentimientos y los de ella. Luego decidimos juntos que debiéramos poner a descansar los débiles esfuerzos de esta semana. Lo hicimos. Con una oración especial para ese tipo de miseria, lo echamos a un lado.

Lo único, era que no nos dejaba tranquilo. Durante toda la tarde me perseguía y no me dejaba quieto. Afortunadamente era un domingo ocupado, y el ocuparse es un buen bálsamo para los malos recuerdos. Pero también hay otro bálsamo que a mi me gusta. Camino a casa decidí que una crema helada de Barmore era exactamente lo que necesitaba. Yo le llamo a esto: «Consuélame con algo cremoso.»

Fred Barmore era uno de los ancianos. Buen hombre. Buen amigo. El tuvo que haber reconocido el decaimiento de mi espíritu, así que preparó la crema helada ese domingo exactamente de la forma en que a mí me gustan sus helados: extra grande, extra dulce, extra espesa. Delicioso. Super suave.

A la mitad de este pecado de la carne, Fred recordó algo. De repente se levantó de la mesa donde estábamos sentados y corrió a la caja registradora.

—Había una pareja en la iglesia esta mañana de Ogalalla. Gente buena. Pararon aquí para comer un emparedado. Y cuando se fueron, me dieron este sobre para que se lo entregara tan pronto lo viera de nuevo.

Si yo fuese a contar con mis dedos las cinco cartas mas hermosas que yo haya recibido, esta definitivamente estaría incluida entre ellas.

Estimado pastor Shedd:

Somos de Ogalalla y estamos de camino a Lincoln. Ya que siempre vamos a la iglesia, nos detuvimos en su iglesia para escuchar el servicio.

No hay forma en que podamos expresar lo que su sermón significó para nosotros. Realmente, estábamos dirigiéndonos a Lincoln para consultar con un amigo abogado. Siento decirle que íbamos a arreglar los detalles para el divorcio. Ambos habíamos decidido que nuestro matrimonio no tenía solución.

Pero estamos aquí sentados en esta tienda, almorzando, y mientras esperábamos por nuestra orden, algo sucedió que creemos que usted debe saber. Comenzamos a discutir esas pequeñas, simples, reglas que usted dio para restaurar el matrimonio que la langosta había estado comiendo por tanto tiempo. Mientras más hablábamos, más nos dábamos cuenta de que el Señor nos había estado hablando a nosotros a través suyo, así que esto es lo que decidimos hacer. En vez de seguir hacia Lincoln, estamos de regreso a la casa para comenzar a restaurar lo que una vez fuese un amor maravilloso. Gracias.

¿Por qué ellos estaban cruzando nuestro pueblo a la hora en que todo el mundo va a la iglesia? ¿Sentirían ellos el roce de un ala de ángel, que los guiaba hacia nosotros? Nuestro Dios es el que rescata a los fracasados. Por medio de los ángeles, o cualquiera que sea el método. Eso es lo que prometió en el texto de la mañana, ¿verdad? Es una gran promesa.

«Y os restituiré los años que comió la oruga, el saltón, el revoltón y la langosta, mi gran ejército que envié contra vosotros.»
Joel 2:25

No camine hacia adelante solo

En LAS MONTAÑAS DE TAILANDIA hay una pequeña villa donde toda la población fue convertida por un gran avivamiento. Desafortunadamente, después de su conversión, estas personas fueron enfrentadas con un problema mayor. El territorio de su montaña era –y aún es– un lugar donde crece el opio, lo cual constituye la base de toda su economía.

El convertirse al cristianismo fue algo más que un cambio maravilloso del corazón de ellos: eso amenazaba toda la fuente de sustento. Decidieron convertir sus plantíos en vegetales y productos de huerta. Una gran idea, excepto por una cosa, el único medio de transporte que tenían para sus productos era el caballo, o las carretas tiradas por caballos, para bajar la montaña.

Otro problema. Sus vegetales y frutas estaban listas para ser enviadas durante la difícil temporada de *monzón*. Y aunque la lluvia no era un gran problema para estas personas, lo era para los caballos. Mucho de los caballos que no estaban acostumbrados a una labor tan pesada en este tipo de tiempo, murieron durante su viaje al mercado.

Así que buscaron ayuda de sus promotores bautistas y pidieron si tan sólo hubiera alguien, en alguna parte, que pudiera proveer algún burro para cruzar con sus caballos.

Las mulas son más fuertes que los caballos para algunos trabajos. Y no hay otra forma de producir una mula, sino cruzando a un burro con un caballo.

A través de un amigo en la Sociedad Bíblica Americana, escuchamos la historia. Un proyecto perfecto para nosotros.* Atravesando una tremenda cantidad de burocracia, finalmente nos aprobaron el proyecto. Al fin podíamos importar algunos tremendos burros de Australia a la pequeña villa de Tailandia.

Varios años después fuimos a Tailandia, esperando visitar nuestras mulas arriba de las montañas. Pero cuando llegamos, alguien había puesto un humilde letrero a los pies de la carretera. Actualmente, es poco más que una senda, pero es su ruta, y su letrero.

«NO SIGA ADELANTE SOLO PUEDE OCURRIR UN POSIBLE ASESINATO INFORTUNADO»

¿Sería una broma? ¿Alguien estaba tratando de ser listo? ¿Por qué el singular juego de palabras? No entendíamos, pero no íbamos a «seguir adelante solos» sin antes hacer serias averiguaciones. Así que comenzamos a tocar en diferentes puertas. Primero, queríamos conocer la historia detrás del letrero. Más que eso, teníamos que encontrar al misionero que nos había involucrado en el proyecto de las mulas.

El ángel uno había estado trabajando tras bastidores. Un pequeño viejito que andaba por allí fue donde

---

*Nota del editor: Desde la publicación de los *best-sellers* del Dr. Shedd, *Cartas a Karen* y *Cartas a Philip*, la mitad de sus regalías han sido designadas para la «Fundación Abundante.» Esta es una fundación establecida para el alivio del hambre y dedicada a la compra de animales para ayudar en misiones de agricultura.

primero fuimos a preguntar. Sí, él conocía «una poca» de inglés. No, él no conocía el misionero, pero tenía un amigo cristiano. Quizás su amigo conocía cómo podríamos encontrar al misionero.

—Lo he mandado a buscar, y él viene.

El amigo en verdad vino. ¡Qué sorpresa agradable! El amigo del pequeño hombre nos dijo:

—Su amigo es mi amigo. El se mudó a Hong Kong. Quizás lo encuentres en Hong Kong.

La población de Hong Kong es de cinco millones. Nosotros estábamos aún en Tailandia, y necesitábamos localizar un misionero entre cinco millones de personas. Un misionero que, desafortunadamente, tenía un nombre común.

La dama que nos dio la bienvenida en el hotel nos dio un buen consejo: Llame al Servicio de Larga Distancia de Hong Kong. Dígale a su operadora a quién están tratando de localizar, y ella los comunicará con el servicio de «Asistencia Especial.»

El ángel dos también estaba trabajando tras la escena. Nos conectamos con la operadora de larga distancia en Hong Kong. Cuando le dijimos a esa dulce voz oriental a quién estábamos buscando, hubo un largo silencio. Luego, con gran entusiasmo, nos dijo:

—¡Oh! ¡Yo lo conozco! El es un hombre maravilloso. En ocasiones predica en mi iglesia. Gracias. Yo lo comunicaré.

Ella lo hizo, y entonces otro milagro acerca del tiempo:

—Estoy tan contento de que llamaron hoy —nos respondió el misionero. —El lunes que viene mi familia y yo salimos para los Estados Unidos. Ter.emos seis meses de permiso. ¿Pueden venir inmediatamente? Le enseñaremos Hong Kong. Por favor vengan.

Por supuesto que aceptamos y fue un tiempo maravilloso. ¡Tantos lugares fascinantes que están escondidos...! ¡Tantas explicaciones interesantes! Incluyendo los detalles del letrero en el camino de nuestro proyecto de las mulas.

—El opio es la cosecha principal en las montañas —nos dijo, —y no permiten ningún visitante. A nadie. Ese letrero fue pintado por un anciano que los ama por los regalos que ustedes han hecho a la misión. El los estaba protegiendo del peligro.

Ustedes simplemente no pueden creer lo que esos burros han hecho. Los cristianos están aún sembrando vegetales y siguen llevándolo al mercado con las mulas. En sólo cinco años esa pequeña villa ha criado suficientes mulas como para compartirlas con los otros granjeros que quieran hacer lo que ellos han hecho. En realidad, ellos tienen una palabra que no puede ser traducida al inglés, pero significa algo como: «Mulas enviadas por el Señor.»

¿Estos son los sucesos extraordinarios de cuántos ángeles?

Un cuidadoso y pequeño letrero, pintado en la base de nuestra montaña que pudo haber salvado nuestras vidas... Ese hombre en la tienda del lado del camino y su amigo, quien conocía a nuestro misionero... Una operadora cristiana que necesitábamos, entre cientos y cientos de operadoras de larga distancia en

Hong Kong, justo *la* que necesitábamos…

Tantos sucesos extraordinarios que sucedieron en un viaje. Pero, ¿por qué no? ¿No es acaso nuestro extraordinario Dios quien nos precede?

Es simplemente una santa combinación de palabras, ¿verdad? La señal de cualquier viaje, en cualquier tiempo:

¡NO SIGA SOLO ADELANTE!

«Entonces tus oídos oirán a tus espaldas palabra que diga: Este es el camino, andad por él; y no echéis a la mano derecha, ni tampoco torzáis a la mano izquierda.»
Isaías 30:21

Andrew y el entrenador
de natación

M I HIJASTRO DE CATORCE AÑOS está «afuera» conmigo, esto significa que está «de malas». El también tiene un espíritu triste, muy triste, y ha venido ahora a visitarme en Austin, Texas. Vino a darle un vistazo a su nuevo hogar.

He aceptado un cargo en el grupo de predicadores de la Iglesia Riverbend. Una de las megaiglesias de mayor crecimiento en Norteamérica. Riverbend necesita ayuda. Así que estoy aquí esperando por Diane y Andrew para que se unan a mí. El día en que se mudarán está aún a unas cuantas semanas de distancia, así que Andrew ha venido a revisar las cosas. Y Andrew está desconcertado. El está dejando su novia, dejando sus amigos de noveno grado, dejando a sus compañeros de pelota. fútbol americano, baloncesto, salida; todo tipo de diversión. Abandonándolo.

Pronto, tan pronto como se bajo del avión, comenzó con su letanía:

—¿Por qué me haces esto, Charlie?

Un colegio nuevo, una iglesia nueva, una ciudad nueva, nuevas tiendas; nada lo impresionó. Todo lucía «aburrido» para él.

—¿Por qué me haces esto a mí? —y comenzaba de nuevo.

Yo había estado curioseando un poco alrededor

antes de que llegara, buscando algunos jóvenes de su edad. ¿Podrían ellos venir a verlo por un rato mientras estaba aquí? Por supuesto, estarían muy contento de hacerlo. Especialmente las muchachas. Así que aquí estaban, tres bellezas que lo llevarían a nadar.

A Andrew siempre le ha gustado zambullirse. Desde que tenía dos años amaba el agua y especialmente el zambullirse. ¿Entrenamiento? No. Sólo vio los saltos de los nadadores en la TV e hizo lo que vio hacer. Aún sin entrenamiento, es maravilloso como se zambulle, y yo estaba asombrado de verlo.

Abruptamente, una dama alta y atractiva se sentó junto a mí. Mientras lo miraba, me preguntó:

—¿Quién es ese muchacho? ¿Cuántos años tiene? ¿Con quién se entrena?

—Su nombre es Andrew. Tiene catorce años. El es mi hijastro, y nunca se ha entrenado con nadie. A el simplemente le gusta zambullirse.

—¡Andrew! ¡Ven acá —le gritó. —¿Tu sabes lo bueno que eres en zambullidas, hijo? Nunca he visto un joven de catorce años zambullirse como lo haces tu. Yo soy la entrenadora en esta piscina, y estoy aquí porque el salvavidas me llamó: «Ven para que veas a este joven», me dijo. «No lo vas a creer». Y tenía razón, Andrew. Si yo no lo hubiera visto, no lo hubiera creído. —Etcétera por algún tiempo. Un verdadero discurso para suavizar el corazón del joven.

Entonces ella le dijo que cada año los entrenadores de la Universidad de Texas seleccionaban a unos pocos jóvenes de la escuela superior de entre todos los colegios de Austin para un entrenamiento especial. Cada día, después del colegio, ellos van al Centro de Natación de la Universidad.

—Probablemente sea el mejor centro en todo Estados Unidos, Andrew. Y allí van, a entrenarse bajo el cuidado de los mejores entrenadores del mundo. ¿Y sabes por qué? Porque están entrenando a los futuros zambullistas para la Universidad de Texas. Eso explica en parte por qué no es mera casualidad que Texas siempre está entre los primeros en las competencias nacionales e internacionales. Ellos viajan por todo el mundo: Europa, España, Oriente…

Y siguió:

—Yo te puedo garantizar, Andrew, absolutamente *garantizar*, que tu puedes ser uno de los elegidos. Inmediatamente, sin esperar. Entonces para el tiempo que te gradúes de escuela superior, estarás con becas compitiendo con los mejores. ¡Oh! ¡Y no te olvides de las próximas Olimpíadas…!

Yo observaba mientras Andrew escuchaba, y ¿qué es lo que vi? El milagro. Un cambio de un 100%, de un dolorido enojo a una gran esperanza: «¡Yo, Andrew, puedo entrar en la nacional, en la internacional, la Universidad de Texas, beca completa! ¡¡¡Zambullir en las Olimpíadas!!!

¿Por qué había aceptado una invitación a predicar por un extenso período de tiempo en una emocionante iglesia en Austin, Texas? ¿Por qué hay tantos campeones de salto al agua en Austin, Texas? ¿Por qué estas tres chicas llevaron a Andrew a esta piscina en particular? ¿Por qué estaban esos salvavidas en particular miembros del equipo de escuela superior, de guardia ese día en particular?

—A nosotros no se nos ocurriría hacer algunas de las tiradas que él hizo —me dijeron.

¿Por qué estaba la entrenadora libre en ese momento en particular cuando la llamaron, pidiéndole que viniera?

—¡Suerte que estaba en casa! —me dijo. —Acabo de regresar de un viaje de fin de semana.

Y una pregunta más, esta vez desde una perspectiva diferente: ¿Por qué eran esas tres jovencitas miembros del grupo de estudios bíblicos para estudiantes de la escuela superior? ¿Y por qué se estaban reuniendo en una casa cercana esa misma noche?

—¿Quieres venir Andrew? Conocerás un buen grupo de personas agradables.

Ahora de regreso en la casa conmigo.

—¿Cómo te fue en la reunión, Andrew?

—¡Maravilloso! ¡Tremendos muchachos...!

Un cambio de ciento ochenta grados con respecto al inicio. Con una sonrisa en su rostro, esperanza en su corazón, sigamos con esto; campeón de zambullida universitario, nacional, y campeonato internacional también. ¡Aleluya!

¿No es sobrecogedor cómo el Administrador divino de todas las cosas maravillosas hace la coreografía de sus *alegres sorpresas*? Los ángeles de Dios trabajan como tejedores invisibles en el tapiz de nuestras vidas.

Y qué diseño hermoso se manifiesta cuando lo seguimos.

La vida del hombre está puesta en el telar del tiempo,
como un patrón que él no ve,
mientras los tejedores trabajan
...y la lanzadera vuela
hasta el alba de la eternidad.
Autor desconocido

Nuevos amigos de mi pueblo natal

*H*AWAI, 3:00 DE LA MADRUGADA. Acabamos de desembarcar de uno de esos aviones que sientan a cuatrocientas personas en su interior. Ahora los cuatrocientos estamos juntos en un gran salón. Nuestro avión está siendo recargado de combustible y los oficiales nos dijeron que esto tomará una hora.

—Perdonen que tenemos que hacer esto, amigos, pero están confinados. Estírense, tomen asiento, conózcanse. Antes de que se den cuenta estaremos de regreso en el avión y en camino a Australia.

Si eso es interpretado correctamente, eso no significa otra cosa que: «Usted está cansado, está tenso y a mitad de camino.»

Australia es un lugar marcadamente diferente para ir de vacaciones, pero el llegar allí de noche es impresionantemente malo. ¿Por qué será que, mientras más uno viaja, los asientos de los aviones lucen cada vez más pequeños y la comida del avión cada vez más insoportable?

—Tomen asiento —nos dijeron.

Bueno, sentémonos un rato. Pero, ¿dónde? Seguro que deben haber cuatrocientas sillas para cuatrocientas personas. Si eso es verdad, ¿dónde están las dos nuestras? Cierto, vemos dos asientos, cuatro líneas adelante. Pero apúrate, hay otras personas que también los vieron.

Así que estamos aquí, sentados en otros dos asientos incómodos. ¿Qué pueden hacer los pasajeros, ahora, para aliviar la incomodidad? ¿Por qué no comenzar una conversación con alguien que esté sentado cerca?

Las etiquetas con la dirección personal en las maletas de las personas siempre me han fascinado. En esta ocasión casi no puedo creer lo que estoy viendo. A simple vista, de cara al techo y hacia el lado mío, la cinta lee: Departamento del Hogar de Economías, Universidad de Norther Iowa, Cedar Falls, Iowa. Marilyn Storey, Jefe de Departamento.» La leí un par de veces, luego dos o tres veces más.

Cedar Falls, Iowa, ¡mi pueblo natal! Yo jugué fútbol americano en esa universidad por un año y mi Martha se graduó del Departamento del Hogar de Economías allí. Esto simplemente no puede ser cierto. Cuatrocientos de nosotros en este salón miserable. Hawai. Lejos en el Pacífico y ¿estoy sentado junto a alguien de Cedar Falls?

—Perdóneme, Señora, pero acabo de notar la cinta de su maleta. ¿Es usted, realmente, de Cedar Falls, Iowa?

—Sí.

—¿Y es usted jefa del Departamento del Hogar de Economías en UNI?

—Sí.

—Eso es increíble. Cedar Falls, Iowa, es mi pueblo natal.

Le di mi nombre y desde ese momento fue celebrar, y celebrar. Introduje a Diane, y Marilyn introdujo a su esposo. Norman es actualmente jefe del Departamento de Consejería de la universidad. De repente el monótono estupor del viaje, tan largo, cambia a una amistad viva. Personas del mismo pueblo compartiendo, atendiéndose y conociéndose. Y cuidando algunos negocios. Hay un fondo en el Departamento del Hogar de Economías en honor a Martha. Y Marilyn quiere que yo conozca sobre las muchachas usando becas de ese fondo.

¿Ha tenido ocasiones cuando el tiempo lo cambia de momento y se va de prisa? Así, exactamente, nos pareció a nosotros cuatro.

Le di a Norman mi tarjeta y él me dio la suya. Ahora, mientras él lee mi dirección, es su turno para sorprenderse.

—¿Georgia? —me pregunta. —¿Athens, Georgia? ¿Por casualidad conoce dónde queda Hartwell?

—Por supuesto que conocemos Hartwell. Uno de los más hermosos lagos del Sur. Sólo a cuatro millas de mi casa. Nosotros amamos el Lago Hartwell.

—Bueno, nosotros también. Nos gusta tanto que estamos construyendo una casa nueva en Hartwell. Ambos nos vamos a retirar y estaremos mudándonos pronto al lago en Hartwell.

Llega la llamada para embarcarnos de nuevo, y mientras caminamos Norman dice:

—Justo hoy estábamos especulando cómo haríamos nuevos amigos en Georgia. ¿Quién se imaginaría que comenzaríamos a hacerlo en una parada en Hawai? ¡Increíble!

Cuatro futuros vecinos, viajando en el mismo avión hacia Australia. Dos asientos vacíos de entre cuatrocientos. Una pequeña maleta de mano, con una cinta para el nombre y la dirección.

¿Cómo pudo haber sucedido todo esto tan lejos en

el Pacífico? Para aquellos de nosotros que creemos, só-lo hay una respuesta: «y el Señor te guiará continua-mente» (Isaías 58:11, B.d.l.A.)

Continuamente. Desde Nebraska hasta Texas, des-de Tailandia hasta la Catedral de Cristal, de Cedar Falls hasta Hartwell. Preparando el camino antes de tiempo. Desde el pasado hasta este momento, y hasta allá lejos en la distancia. ¿No es acaso esto todo el sig-nificado de estas hermosas palabras?: «¿Gracia que precede?»

Yo creo en un Dios amoroso, cuyos ángeles nunca están muy lejos. Y si los dejo, ellos me guiaran a aquellos que debo conocer para sus propósitos.

Capítulo
NUEVE

Los sueños y los ángeles

«Porque Dios habla una y otra vez,
en sueños, en visiones en la noche
cuando el sueño cae sobre los hombres
mientras se acuestan en sus camas.
El abre sus oídos en momentos como ese.»
Job 33:14-16 (Traducción libre)

Una y otra vez la Biblia nos dice que Dios visita
a su pueblo en sueños. En Job y en muchos otros
tenemos estos testigos. De día, noche, tarde, tem-
prano en la mañana, en cualquier momento. Con
dirección, seguridad, consuelo, consejo, avisos, o

nuevas de gran gozo El nos visita. ¿Y cuantas veces sus mensajes en sueños vienen por medio de un ángel? Muchas.

¿Acaso cada sueño llega con un mensaje importante? Algunos dicen: «Sí». Yo he leído autores, escuchado a oradores, y en discusiones he oído decir a otros que contestan afirmativamente. Sin embargo, he aquí un soñador veterano que dice de otra forma. Yo creo que muchos de mis sueños son dones del Señor para puro entretenimiento.

Luego hay otros como la pequeña nota blanca en Copenhague.

«¡Atención!
Usted va a recibir un mensaje importante.
Este viene directo de su amoroso Padre Celestial.

»O, dependiendo de las circunstancias celestiales, su mensaje puede que venga de su amoroso Padre Celestial vía un amoroso ángel.»

La pequeña nota blanca
en Copenhague

WOLFSBURG, ALEMANIA, es una emocionante ciudad. La ciudad de los Volkswagens –cinco mil diarios. La Escritura dice: «Que todo sea hecho decentemente y con orden.» Así es como ellos lo hacen en Wolfsbureg. Sistemático. Suave.

Nosotros estábamos en un viaje de treinta días por Europa, y habíamos llegado a Wolfsburg para comprar un Volkswagen para nuestro hijo de escuela superior. Este era el regalo de graduación para Peter, ordenado de antemano, todo exactamente de la forma que él lo quería. El color correcto. Los accesorios correctos. Y ¡oh!, esa bienvenida de la compañía Volkswagen en Wolfsbur!

Nos hospedamos en una de esas inmaculadas *pensiones* Alemanas –camas de plumas más desayuno a precio de ganga. Fue aquí que tuve un sueño poco usual. Este se relacionaba a la abuela de mis hijos. Mi suegra era extra especial. Yo también le caía bien a ella. Lo que más me gustaba eran los reflejos de Dios que veía en ella. Habiéndome dado ya a su hija, ella hizo otra cosa buena. Continuó dándome la sensación de que la vida con el Señor era 100% natural.

Era un miércoles, 21 de julio. En mi sueño habíamos llegado ya a Copenhague, y había allí un mensaje. La abuela había muerto y teníamos que regresar a los Estados Unidos. La parte más viva de mi sueño era lo de Peter en su pequeño Volkswagen. Parecía poder entrelazar su entrada y salida del sueño, pasando por las vacas rojas y los graneros blancos, a través de los pequeños pueblos, para arriba y para abajo de las colinas placenteras de Dinamarca y Alemania, luego a Amsterdam para regresar al barco.

A la mañana siguiente le conté a Martha acerca del sueño. Algún tiempo atrás habíamos acordado contarnos nuestros sueños. ¡Y cómo me alegré de haberle contado este!

Esa noche, a la hora de la cena en Hamburg, sentí el impulso de compartirlo con nuestros varones. A Timothy, el más joven, no le gustó para nada. Pero con la «sabiduría» típica de los padres, le aseguramos que era tan sólo un sueño. Le tocó a Peter, con la mayor sabiduría de la juventud, el decir:

—Pero Tim, la abuela tiene ya ochenta y un años. Seamos honestos, ella va a morir en algún momento.

Así que cada uno de nosotros puso el tema «en el estante», junto a las cosas que se olvidarán.

El viernes tuvimos un rato fascinante en el pueblo de la abuela. Ella había venido de Odense, Dinamarca, a los veintiún años, hasta el medio oeste y Iowa. Cenamos con sus parientes, visitamos la Iglesia de St. Knud, donde ella había sido bautizada, y buscamos las casas donde había crecido. Todo estaba aún allí, en excelentes condiciones. Su padre había sido un carpintero.

El sábado llegamos a Copenhague y nos reportamos a nuestro agente de viajes. Habíamos echado el sueño a un lado, ...pero no muy lejos.

A nuestra llegada al hotel, Tim se dirigió hasta la

recepción. El resto de nosotros nos mantuvimos en línea para cambiar efectivo. Hay momentos que deben ser recordados siempre. Uno de ellos fue cuando Tim me entregó esta nota:

Importante. Llamar al Sr. Petersen, Portland, Oregon, inmediatamente.

Luego su número y eso era todo.

El Sr. Petersen es mi cuñado. Los cuatro nos miramos sin decir palabra. Fuimos a nuestro cuarto, pusimos la llamada, y fue exactamente como sabíamos que sería.

—Charlie, siento decirte que Mamá murió esta mañana. El pastor Tange dijo que ella había comido un buen desayuno, luego se fue a su habitación y murió.

Por mucho rato estuvimos allí compartiendo nuestros sentimientos. Lloramos. Oramos. Especialmente le dimos las gracias a Dios por darnos tres días para prepararnos a través de «nuestro» sueño.

Martha, Tim y yo salimos la mañana siguiente en un vuelo de regreso. Fue un momento intenso, mientras observábamos a nuestro joven de dieciocho años alejarse manejando en su Volkswagen. Por supuesto, él llego a salvo atravesando las vacas rojas y los graneros blancos, a través de los pequeños pueblos y sobre las gentiles colinas de Amsterdam. Luego él voló a Iowa para encontrarse con nosotros para el funeral. Los jóvenes de dieciocho años pueden hacer mucho más que lo que nosotros, los padres, estamos dispuestos a creer. Martha dijo:

—¿No debiera ir uno de los dos con Peter?

A lo cual él comentó, como el filósofo que es:

—Mami, yo haré lo que sea necesario para hacerte

sentir mejor. Si deseas que Papi venga conmigo, está bien. Pero ¿no dañaría eso el sueño?

En la iglesia de la abuela tienen la tradición más linda. Después del funeral, todos se reúnen en un salón para tomar café –cosa que para los daneses significa también emparedados de infinidad de variedades, galletitas de infinidad de variedades, pasteles de infinidad de variedades, conversación de infinidad de variedades.

Me encontré conversando con algunos de los amigos especiales de la abuela. Supe que había estado preocupada sobre nuestro itinerario. Le habíamos pedido a nuestro agente de viajes que se lo enviara a cada uno de los miembros de mi familia, pero ella no había recibido su copia. Alguien en la oficina lo había enviado al pueblo equivocado, por lo que llegó dos días después de su muerte.

—¿Supones que ella le pidió al Señor que se comunicara con ustedes? Ella no se había estado sintiendo muy bien. Me pregunto si ella percibió algo —comentó una de sus amistades.

—¿No piensas que eso es imposible, verdad? —Bertel contestó. Bertel y su esposa eran dos de los favoritos de la abuela. Ellos la llevaban a la iglesia los domingos y en las ocasiones especiales.

—No creo que eso sea más difícil de creer que el que tu lo soñaras antes de que sucediera —me dijo. —En realidad, conociendo a Marie y cómo ella vivía con el Señor, yo pienso que eso fue exactamente lo que sucedió. Ella le pidió que te localizara y El lo hizo.

Cierto día, cuando salíamos de viaje para Dinamarca, Martha hizo algo muy peculiar: le escribió una nota a su hermano. Ellos se querían mucho, pero también tenían una de esas relaciones para la cual eso era suficiente. Ellos pasaban buenos momentos cuando estaban juntos, pero aparte de eso, se amaban en silencio. Sin embargo, por alguna razón ella sintió el deseo ese día de enviarle este mensaje: «El 24 de julio estaremos en el hotel Los Cinco Cisnes, en Copenhague.»

Tendríamos diecinueve paradas –al menos de las programadas– en nuestro itinerario de treinta días. Estas eran reservaciones confirmadas. El resto era una variedad de hazlo-por-ti-mismo. Los tres días antes de la muerte de la abuela estuvimos libres viajando a través de Alemania y Dinamarca. Al día siguiente íbamos a abordar un barco, el cual nos llevaría durante tres días por las costas de Suecia y Noruega, donde estaríamos completamente incomunicados.

¿Por qué había muerto ese día en particular? ¿Por qué había Martha seleccionado esa parada en particular para decírsela a su hermano? ¿Por qué se nos dio tres días de aviso por sueño? ¿Cuál es la explicación? ¿Cómo solucionamos estos misterios?

Sólo hay una respuesta. Dios, en su cuidadoso amor sobre nosotros, conoce lo que necesitamos saber. El sabe dónde tenemos que estar. No es cosa nuestra el empujar, o acumular, o apurar. Nosotros tenemos que responder, seguir su guía y escuchar su susurro.

Dos José y muchos sueños

«J OSE Y EL INCREIBLE sueño multicolor», es el título de un gran éxito en estos momentos, en Broadway. No hay duda sobre esto, el José del Antiguo Testamento siempre ha mantenido una fascinación en muchos de nosotros, quienes amamos el drama y aquello que es inusual. Y este José es uno de los personajes característicos cuya vida fue guiada por sueños.

Un cuidadoso estudio de José, hijo de Jacob, nos muestra que era un joven de gran integridad. ¿Podrán alguna vez, los amantes de la Biblia, olvidar su respuesta clásica a la esposa de Potifar?: «¿Cómo, pues, haría yo este grande mal, y pecaría contra Dios?» (Génesis 39:9).

Es interesante que un José del Nuevo Testamento tome una posición central cuando reflexionamos sobre los ángeles y los sueños, ¿verdad? ¿Por qué los ángeles visitaron tan a menudo a este José? No nos quedamos por mucho tiempo con esa pregunta. Tres versos llevan la respuesta clara y segura.

«He aquí un ángel del Señor le apareció en sueños .... Y despertando José del sueño, hizo como el ángel del Señor le había mandado» (Mateo 1:20,24)

«He aquí un ángel del Señor apareció en sueños a José y dijo: Levántate, y toma al niño y a su madre, y huye .... Y él, despertando, tomó de noche al niño y a su madre...» (Mateo 2:13-14).

«Pero después de muerto Herodes, he aquí un ángel del Señor apareció en sueños a José en Egipto, diciendo: Levántate, toma al niño y a su madre, y vete a tierra de Israel... ...Entonces él se levantó, y tomó al niño y a su madre, y vino a tierra de Israel» (Mateo 2:19-21).

Tres veces los ángeles vinieron a este José en sueños. Tres veces él obedeció inmediatamente las instrucciones del ángel. Hay dos palabras para mí, para usted, para cualquiera que experimente con frecuencia el roce del ala de un ángel:

¡Obediencia rápida!

Capítulo

DIEZ

Armonía con todo tipo de vida

El ganado sobre mil colinas… caballos ensilla-dos o corriendo libres… el burro que habló y las zo-rras en sus huecos… serpientes y otros animales que se arrastran… El gran pez de la historia de Jo-nás; un barco lleno de pescado por haber echado la red al otro lado… dos pescados pequeños que tomó Jesús para alimentar a una multitud… la paloma enviada por Noé, y los cuervos alimentando a un

profeta atemorizado... aún ni una hoja se cae sin que nuestro Padre celestial lo sepa.

Dios sostiene todo el mundo en sus manos... el universo y todo lo que en él está —todo es suyo. Y en ocasiones inclusive usa a los animales, pájaros y pescados también, como una forma de tránsito para sus ángeles.

Para mí, fue una joven mula, un pequeño gato, una gaviota sufriendo, cada uno con un mensaje. Y el mensaje es este sagrado hecho que se encuentra en la Escritura: Todo el universo y todo lo que en él está fue creado por El y para glorificar su santo Nombre.

La gaviota agradecida

LAS GAVIOTAS LUCEN MUY hermosas cuando vuelan, cuando se lanzan a buscar su alimento en bandadas, siguiendo a los botes camaroneros. Pero cualquier marinero nos puede decir otra cosa sobre las gaviotas: ellas pueden tener una mala disposición y pueden ser maliciosas cuando se encuentran acorraladas. Con sus patas y sus picos pueden rasgar y romper hasta ocasionar grandes daños. *Nunca trate de acariciar una gaviota. Nunca trate de alimentar una gaviota. Manténgase alejado de ellas.* Son citas de letreros en la playa.

Martha y yo sabíamos sobre gaviotas. Habíamos observado los avisos en la playa, así como escuchado varias historias de gaviotas hiriendo personas. También lo habíamos leído en los periódicos de la costa y habíamos visto a las gaviotas bravas peleando unas con otras. Sí, sabíamos que estos pájaros no eran para ser tocados por los humanos. Pero ¿qué debíamos hacer con esta pobre gaviota?

Ese día, mientras caminábamos por la playa, nos tropezamos con ella; estaba enredada en una red para atrapar camarones. Brava con la red, brava con su suerte, brava, brava. ¿Qué haría usted si se encuentra con una gaviota herida en su playa, bien atrapada en una red? ¿Qué haría usted si la desea ayudar, pero su computadora interior está mandándole todo tipo de señales de cuidado: *No te acerques, nunca la toques,* y *manténte lejos de las gaviotas heridas*?

Tal como lo haría usted, nosotros oramos. Pero cuando dijimos: «Amén» aún estaba atrapada en la red. ¿Sería posible para él (¿o acaso era «ella»?) entender que éramos amigos? ¿Acaso debiéramos probar, e intentar rescatarla?

Lo hicimos. Mientras nos acercábamos a la gaviota, le dijimos: «Gaviota, esto será difícil de entender para ti, pero por favor, trata. Deseamos librarte. Y si nos dejas, uno de nosotros va a tomarte en sus manos mientras el otro te desenreda de la red. No va a ser fácil para ti, ni tampoco para nosotros. Nos tomará un rato, pero si podemos ser amigos por el tiempo que nos tome, estaremos felices, y tu también.» Al escuchar esto, nuestra gaviota realmente parecía relajarse y nos acercamos. Levanté el pájaro y lo puse sobre mis piernas. Con cuidado y despacio, Martha comenzó a desatar los nudos y tirar de los hilos. Todo ese tiempo yo estaba calmando al pájaro lo mejor que podía: citándole versos de la Biblia, hablándole suavemente, dándole confianza.

Finalmente, con sus alas libres y libre al fin, la gaviota voló hacia el mar. ¡Qué bien se tiene que haber sentido la pobre gaviota…! Qué bien nos sentimos nosotros. Entonces, de repente, como si de alguna parte en su ser se le hubiera avisado, ella recordó sus buenos modales de gaviota.

Regresó volando y nos llamó.

«¿Qué nos estás diciendo, gaviota?» Por supuesto que no podíamos estar seguros. Sin embargo, aún después, cuando nuestros recuerdos regresan a ese día con la gaviota enredada, uno de nosotros dice: «De cierto que sonaba como un "gracias", ¿no lo crees así?» Y el otro le responde: «Yo pensé que sonaba más a "Muchas gracias, y Dios le bendiga".»

La Biblia nos dice «El amor lo conquista todo». ¿Será posible que haya un mensaje de amor que se levanta sobre las palabras para conectar al humano con lo salvaje? La Escritura afirma:

«...pregunta ahora .... a los pájaros salvajes, y ellos te lo mostrarán .... este es el camino Eterno.» (Job 12:7,9, traducción libre).

Hawley Moisés

LA IGLESIA PRESBITERIANA Hawley Memorial, en Blue Ridge Summit, Pennsylvania, está a lo alto de los montes Apalaches. También está entre las primeras de mi lista de iglesias favoritas. Nosotros la vimos crecer desde una iglesia triste, a punto de cerrar sus puertas, a una congregación próspera. Mi último Domingo de Ramos allí prediqué sobre el viaje de Jesús en burro. ¿No podía haber encontrado algo más clásico para su entrada triunfal? Un tema interesante. A mí me gustó y a las personas les gustó también. Mi congregación supo que a mí me gustan los animales. No se sorprendieron cuando les dije: «Algún día, cuando me retire, espero llegar a ser un buen amigo de un burro o de una mula de mi propiedad.»

Ahora, usted va a tener dificultad creyendo esto, así que trate de apartar sus dudas mientras le digo la verdad. En nuestro último domingo, esta congregación tuvo un día de compañerismo para toda la comunidad. Bandas, globos, albóndigas, personas, personas, personas. Y entonces llegó el momento para ofrecer los regalos de despedida. Por la calle venía Herb, nuestro amigo, un granjero *amish*. Trayendo… –¿se imagina?– …¡una mula *colt* de dos meses de vida! Un hermoso y joven animal, con su cabeza en alto, contento de estar en esa pasarela.

Me gustaría que hubiesen escuchado el discurso de presentación. Estoy seguro que cada uno de los pueblos en cada valle alrededor escucharon las carcajadas, los gritos de emoción, etc., etc. ¿Habrá habido alguna iglesia, antes, que le haya dado a su pastor una mula como regalo de despedida?

Algunas mulas son muy bonitas. Esta había sido criada con buenos modales, además de amor y juegos. Tenía una hermosa piel de alazán roja, orejas largas, ojos risueños. Así que con la guía de su maestro, el bebé de dos meses arribó hasta nosotros, directo al micrófono donde dio un alto rebuzno, inspeccionó los globos, les relinchó a los niños que la estaban tocando, rebuznó de nuevo en el micrófono, y siguió caminando para conocer a las personas mayores. Nunca había visto nada como esto. Pero tampoco nunca había conocido una congregación como esta.

El nombre oficial de nuestra pequeña iglesia era Iglesia Presbiteriana de Hawley Memorial, así que, ¿qué nombre le pondríamos a esta pequeña mula? De manera que tuvimos un concurso y ¡a que no saben quién ganó?! Marta lo hizo, con «Hawley Moisés.»

Recuerden que Hawley Moisés no era un burro. Su padre era un burro gigantesco llamado Floyd; su madre una Yegua belga de dos mil libras. Los caballos belgas están ya de exhibición, y las mulas gigantes eran la especialidad de Herb. Fiel a la tradición amish, él cruzaba caballos y mulas –grandes caballos con grandes mulas. Así que, con su gran mula papá y su gran caballo mamá, era seguro que Moisés crecería mucho. Y así fue: ¡inmenso!

¿Qué haría usted si alguien le regala una mula que no viene grande sino inmensa? Me lo imaginé. Por supuesto que yo amo las mulas, pero nunca tendría una propia. Un pequeño burro, quizás podría, pero, ¿esto?

Se puede calcular el tamaño de una mula *colt*. Cuando tiene sólo dos meses de nacido, se mide la distancia entre la rodilla y el casco. Allí está la clave. Por una fórmula conocida por los hombres que tienen mulas, usted puede predecir el tamaño de su futura mula –y las medidas de Moisés eran ultragenerosas.

Estábamos mudándonos a Atenas, Georgia, para estar cerca de nuestro nieto más joven. Una mudanza emocionante a un área de tres acres. No había casa aún, sino una granero grande y rojo, con pesebre y henal; completo. ¿No sería este el lugar adecuado para una mula grande y roja? Un acierto perfecto, excepto por dos cosas. Primero, teníamos que construir una casa, y hasta que no estuviese terminada, viviríamos lejos de la propiedad. Segundo, yo no conocía absolutamente nada sobre cómo cuidar una mula. Yo sabía que ella no se quedaría de dos meses de edad y con su mamá para siempre. Algún día tendría cuatro meses, se apartaría del pecho de la madre y entonces me la traerían. En un camión de entrega, elegante, me la traerían.

¿Qué podía hacer? Podría orar, y lo hice. Mucho. También puse la foto de Moisés en un lugar prominente en el área de trabajo del granero. (Yo oro mejor con fotos.)

Algo increíble sucedió a continuación. Para poder reconstruir nuestro granero y construir nuestra casa nueva, habíamos contratado a un especialista joven, llamado Smith Wilson. Un nombre especial para un caballero especial.

¿Está listo para leer esto? Ese mismo día que puse la foto de Hawley Moisés en la pared de mi tienda, entró Smith. En el momento que vio la foto de mi mula, Smith se detuvo en seco, miró la foto y luego a mí, y luego me miró a mí y a la foto.

Conversación:

—¿Dónde consiguió esa foto? Es un Colt, ¿verdad? No piense que nunca he visto una mula colt. (Qué, dónde, quién, etc.)

—El es mi colt. Su nombre es Hawley Moisés, y me llega la próxima semana.

—¡Vamos…! ¡No juegue!

Entonces le conté la historia, pero antes de terminar mi cuento de diversión y asombro, le dije:

—Smith, yo no sé nada sobre cómo cuidar una mula, especialmente una colt. ¿Conoces de alguien en esta área que pudiera ayudarme?

—Dr. Shedd —me dijo, —¿Sabía usted que yo soy el presidente de la Asociación de Caballos y Mulas Destacados de Georgia?

¿Si lo sabía? ¡Ni siquiera sabía que *había* una Asociación de Caballos y Mulas Destacados de Georgia!

Increíble. Un predicador dueño de una mula, a punto de recibir su mula colt, tamaño mamut. Un joven contratista cuyo pasatiempo son los caballos y mulas destacados. He aquí nos estamos reuniendo en un granero reconstruido. Delante nuestro una foto de una mula bebé, una gigantesca mula bebé. Y para mí un gran acontecimiento arreglado por… *¿ángeles?*

Así que me hizo una oferta, y yo la acepté. El se

llevaría a Hawley Moisés a su pequeña granja un poco más abajo del camino, no lejos de la nuestra. El le daría amor a Moisés en sus días de colt, lo entrenaría con el cabestro y el aderezo, y le haría todo lo que una mula necesita que se le haga para hacer de él una mula fina. Y eso es lo que él hizo.

Así que Moisés creció y creció hasta que se convirtió en un gigante, grande, divertidamente grande. Y todos los hombres veteranos amantes de las mulas vinieron a verlo , y todos los que lo vieron en la exhibición dijeron al unísono: «¿Diecisiete manos y media? ¡Nunca he visto algo semejante!»

¿Por qué Moisés creció tanto? ¿Sería acaso por esa emocionante fiesta con globos y carcajadas? Todo el mundo sabe que los bebés crecen mejor con un comienzo alegre y mucho amor.

Ningún autor, por mucho nombre que tuviera, necesita elaborar el punto de esta historia, ¿verdad? Pero yo tengo algunas preguntas que quizás le gustaría medita conmigo:

Habrá algún departamento en el cielo para contestar este tipo de oración de un predicador itinerante: «Señor, Hawley Moisés viene pronto. El sólo tiene cuatro meses de nacido y tu sabes que yo no sé lo que debo conocer sobre las mulas. ¿Me podrías ayudar en eso?»

¿Sabría Dios cuál contratista necesitaríamos para reconstruir el granero, construir nuestra casa, *y ayudarnos con nuestra mula?*

¿Podría, acaso, alguien que creyera, aunque sea un poco, tener una experiencia como esta y no creer en los ángeles?

*Nunca dude de pedirle al Padre celestial
por ayuda en cualquier cosa.
El tiene cuidado de cada persona, aún de las criaturas, y de
todas las cosas.*

La hospitalaria dama calico

LOS GATOS *MANX* NO SON lo que llamaríamos unos corrientes gatos transeúntes. En la lista de nombres oficiales les pusimos «Stumpies» (colas cortas) y «Rumpies» (sin cola). Las patas traseras de los gatos de manx los hacen más alto de atrás, y pueden brincar grandes alturas. Si hubiesen carreras para gatos, no tendrían rival. Sin una cola que los atrase, estos gatos son muy, muy rápidos. Cuando toman alta velocidad y brincan como canguros, pueden ganarle a casi cualquier cosa. Pero ellos tienen otras diferencias más importantes.

La buena raza de manx tienen un filosofía completamente diferente a la de sus elegantes primos. Cualquier aficionado a los gatos sabe que la mayoría de los gatos se frotan contra cualquier pierna que esté disponible por tan sólo una razón: ¡a ellos les hace sentirse bien! Pero estos, en algún punto de su evolución, doblaron una esquina. Desde ese momento en adelante, la vida para ellos no fue más el buscar primero el ser amado, sino amar. Por lo tanto, *¡ellos se frotan contra las piernas de las personas para hacer sentir bien a las personas!*

Y esto nos trae a Dina. Al principio de nuestro matrimonio Martha y yo criamos unos gatos manx como pasatiempo. (Por esta razón es que conozco lo que conozco sobre este tipo de gatos). Así que cuando nos retiramos, decidimos buscar unos manx; un lindo recuerdo de los años felices de gatos. Pero no tuvimos suerte. No manxes.

Nuestra próxima raza favorita de gatos eran los calicos, así que optamos por conformarnos con nuestra segunda opción. Estudiamos los anuncios clasificados, la columna de animales, y una noche allí lo vimos:

«*Encontrado. Gatito calico. Muy amable, hembra. Si le pertenece a usted, por favor, llamar al 749-2738.*»

Ella no era nuestra –no al menos en ese momento– pero tomamos el riesgo y marcamos el número para dejar nuestro nombre.

—Mire…, en caso de que el verdadero dueño no apareciera, por favor, pónganos a nosotros en su lista de interesados.

—¿Qué lista? —nos preguntaron. —Ustedes son los primeros en llamar. ¿Pueden venir enseguida? Nosotros somos alérgicos a los gatos. Por favor. Hemos puesto el anuncio por dos semanas sin una sola llamada. Por favor, vengan y mírenla. Por favor.

Así que fui, solo. Martha no se estaba sintiendo bien, cosa que era poco usual. Mirando ahora para atrás, reconozco que estos fueron, tal vez, los primeros de sus últimos días.

Cuando llegué a su puerta, toda la familia vino a mi encuentro: el papá, la mamá, hija, hijo, –dos de ellos estornudando– y un pequeño gato calico.

Pero eso no fue todo. ¡Este era un *calico-manx*!

(Una combinación muy rara, pero ella era una típica manx en todo sentido, incluyendo uno que se me olvidó mencionar: ellos son buenísimos dando la bienvenida.)

Ellos me dieron la bienvenida e inmediatamente comenzaron a explicar:

—Ella no tiene rabo, pero casi podemos garantizar que se enamorará de ella inmediatamente.

Y así fue. Martha se enamoró de la pequeña dama inmediatamente, y la pequeña dama de Martha. Fue amor a primera vista, en ambas direcciones.

—Solo que tú entenderás a esta dama —dijo Martha, —todos los gatos de nuestra familia son gatos de «afuera».

Las reglas de la casa son reglas establecidas desde el primer día con nuestros gatos.

La llamamos Dina. Todos nuestros gatos manx han tenido nombres bíblicos –Finees, Artajerjes, Saul, Cetura, Dorcas, y María (que nació el día de Navidad). Y ahora Dina, de la historia de Lea, quien le dio a su esposo un hijo tras otro, hasta seis. Y luego vino esta suave añadidura: «Después dio a luz una hija, y llamó su nombre Dina» (Génensis 30:21).

A Dina no le gustaba la regla de «no gatos en la casa». Durante semanas ella se colaba a la primera oportunidad. Era un genio escondiéndose cuando íbamos a recogerla. Pero ya que Martha no podía tener los gatos en la casa, yo realmente traté de mantenerla afuera.

—Dina, con las reglas siendo como son, te estás volviendo una verdadera molestia. Te escurres, te escondes, hay que perseguirte, ¡sal afuera! Esto tiene que terminar. Mi nivel de energía ya no está tan alto, Dina. Martha está enferma, y mi atención desde este día en adelante no puede ser dada a perseguir gatos. Por favor trata de entenderlo.

¿Puede creer que los gatos puedan comprender las emergencias humanas? ¿Será posible para un animal que, finalmente, entienda un mensaje que se le pide por compasión? Así fue con Dina. Le cuento la verdad: desde ese día en adelante era algo casi patético. Días, semanas, que la pequeña gata se sentaba afuera de nuestra gran puerta de entrada. Mirando hacia adentro, parecía estar preguntando: «¿Nadie va a salir a sostenerme, acariciarme, a visitarme?»

¿Por qué razón ella dejó de entrar velozmente al interior de la casa, cada vez que se abría la puerta? ¿Por qué estaba esperando tan pacientemente?

Luego, una noche, semanas después, Martha tuvo un desmayo, profundo. Este fue el comienzo de los tiempos llenos de temor. Se debilitaba, más y más, hasta el borde, pero luego una vez más recobraba fuerzas y volvíamos a tener esperanza. En ocasiones ambos estábamos esperanzados. En otras, cuando ella se ponía demasiado desmejorada, solo yo guardaba las esperanzas.

Fue en uno de esos «días solitarios» cuando Dina rompió la regla. Cuando la puerta de entrada se abrió, y completamente fuera de su costumbre en esos días, ella entró. Entró alocadamente por la puerta hasta el cuarto de Martha y brincó encima de la cama. Ella se echó, profundamente, sobre la cama y comenzó a ronronear.

¿Habrá algún sonido que calme más que el sonido rítmico del ronroneo de un gato? Probablemente sólo hay algo mejor y esto es el ronroneo de un gato amoroso como Dina.

Nunca se me olvidará ese momento, de significado santo. Mientras estaba allí sentado al lado de ellos, despacio, Martha regresó, regresó a la conciencia. Abrió sus ojos, miró a su alrededor, vio quién era su visitante, y dijo, «¡¿Gatita?!» ¡Pregunta! ¡Exclamación! Luego se viró hacia mí y le sonrió a ella, con una sonrisa de «Todo está bien». Entonces se volvió a desmayar. Desde ese momento en adelante, Dina se quedó sobre la cama de Martha o sobre sus piernas. Sólo de vez en cuando, se tomaba un descanso para revisar cómo estaba yo.

«Vínculo con todo lo viviente» es un término provocativo. Es usado frecuentemente por los expertos que se han especializado en las relaciones ser humano-animal. ¿Habrá hecho, acaso, el Creador todo lo que vive con un sistema de apoyo que se intercomunica? ¿Incluirá su cuidado por todos los miembros de la familia, a los animales?

Esa sonrisa que tuvo Martha cuando Dina vino a su cama me dijo mucho más de lo que les he podido decir. «Las personas adentro; los gatos afuera» era la regla de Martha, no la mía. Esto nunca fue un punto para discutir entre nosotros, simplemente un punto de acuerdo. Nosotros guardábamos nuestras contenciones para cosas mayores (Bueno, la mayoría de las veces).

Sin embargo, cuando ella sonrió en ese momento en particular, fuera de sus sombras, yo supe el significado de su sonrisa. «Ya que ambos creemos en el "vínculo con todo lo viviente", déjala quedarse. Me gusta que esté aquí.»

En esta revisión de las reglas, Dina sirvió. Día tras día, noche tras noche, semana tras semana, ella estaba allí. Mi querida pequeña calico, dama hospitalaria, allí para susurrar, allí para consolar, allí para bendecir.

Otro roce de un ala de ángel.

Capítulo

ONCE

Dios y las sorpresas desagradables

*La experiencia más hermosa que podemos tener
es lo misterioso de la existencia de algunas cosas que no podemos
comprender… las cuales sólo en su forma primitiva son accesibles
a nuestras mentes… Son este conocimiento y estas emociones
las que constituyen una religiosidad verdadera.
En este sentido soy un hombre profundamente religioso.*
—Albert Einstein

En ocasiones me pongo bravo con Dios. ¿Por qué Dios enviaría un ángel para alegrarme en esta ocasión? Pero la próxima ocasión, no hay ángel, no hay bendición, nada, sólo dolor y desesperación. ¿Por qué? No tiene sentido, Señor. Si realmente tienes todos estos ángeles bajo tu control, ¿dónde estaban ellos ayer, cuando los necesitaba? ¿O la semana anterior? ¿O seis años atrás, cuando se me vino el cielo abajo? Y en ocasiones hasta nuestras historias bíblicas nos parecen confusas con tantos interrogantes. ¿Por qué?

«¿Por qué llueve en la granja de mi tío?»

LOS AUTORES RECIBEN CARTAS de muchos lectores. Es una parte interesante de nuestras vidas, pero en ocasiones las preguntas suelen ser demasiadas. Esta vino de Shelly, una estudiante de segundo año de escuela superior en Nebraska. En ocasiones hay sequías en el estado de «Cornhusker», y este ha sido un año difícil. El maíz de los agricultores se ha secado y ¿con qué van a alimentar las vacas?

Ella comienza con una palabra de aprecio.

«Leí su libro *La cigüeña está muerta*, y me ayudó. Noté que usted es un ministro, así que le estoy escribiendo sobre algo que me está molestando. Estamos teniendo un tiempo difícil en la granja este año porque no ha caído lluvia. Mi papá está preocupado sobre el pago de las cuentas y el banco. Todos los agricultores están preocupados.

»Mis padres son buenas personas. Nosotros vamos a la iglesia, mi mamá y yo cantamos en el coro y mi padre es un diácono allí. Mis padres hacen muchas cosas buenas. Ellos plantan más alimento de lo que necesitamos y le dan a los pobres.

»Pienso que lo que más me molesta es, *¿por qué llueve en la granja de mi tío?* El vive a cien kilómetros de distancia y su cosecha luce bien. Probablemente yo no debiera decir esto, pero mi tío es malo. No entiendo cómo mi tía lo soporta; es muy malo con ella. El es malo con mis primos también, y a nadie le cae bien. El dice muchas malas palabras y no va a la iglesia. No estoy segura de que al menos crea en Dios. Así que, ¿por qué el recibe lluvia y nosotros no? ¿Sabe lo que estoy preguntando? ¿Usted cree que es justo?...»

(Y su dolor continúa.)

No, Shelly; no creo que sea justo. Y sí, entiendo lo que estás preguntando. Muchas veces he visto cosas buenas sucediéndoles a personas malas y eso me hace pensar. También he visto cosas terribles sucederle a personas buenas, y si yo estuviese corriendo con la responsabilidad del mundo, haría que lloviese en tu granja.

La única palabra que puedo pensar para describir todo esto es *misterio*. Es como una adivinanza que nunca nadie logró adivinar completamente. Y este tipo de misterio viene de bien atrás, supongo, desde el comienzo de los tiempos. Ciertamente va tan atrás como el libro de Job en el Antiguo Testamento.

Job es la historia de un buen hombre que perdió su granja, su ganado, su dinero, su salud y luego, lo peor de todo, perdió a su familia. Pero aunque él dudó en ocasiones y se quejó, él no claudicaba en su fe en Dios. Y la historia termina con esta nota alegre: «Y bendijo Jehová el postrer estado de Job más que el primero» (Job 42:12).

Esto es lo que yo creo que nos sucede a todos nosotros cuando rehusamos claudicar en nuestra fe. Se necesita una fe fuerte para creer en la bondad eterna de Dios cuando la vida es tan dura. En ocasiones aprendemos algo de valor de los momentos difíciles, mientras estamos aún vivos en la tierra. Pero en otras ocasiones no sabremos la respuesta a nuestras preguntas de «¿por qué?» hasta que lleguemos al cielo.

La Biblia nos dice: «..que hace salir su sol sobre malos y buenos, y que hace llover sobre justos e injustos» (Mateo 5:45). Algún día, cuando estemos en el cielo, le podremos preguntar al Señor exactamente por qué hace las cosas de la forma que las hace. Y cuando hayamos escuchado su explicación, pienso que diremos: «Es extraordinario Señor, yo nunca hubiese pensado en algo tan maravilloso.»

«¿Por qué tiene que suceder esto con mi Estudio Bíblico?»

*T*RES Y MEDIO POR TRES y medio no es una habitación muy grande, pero era exactamente lo que necesitaba. Los oficiales de mi iglesia la habían construido en mi patio. La habían hecho con sus propias manos, y era limpia. El escritorio, los gabinetes, las bibliotecas, y una silla reclinable para descansar. Construido con madera de cedro por dentro y por fuera, este era mi santuario para escribir. Cómodo en el verano, cómodo en el invierno; ellos habían pensado en eso también: alto, cerca del techo, había un equipo de aire acondicionado y calefacción.

Ellos habían hecho todo esto porque estaban preocupados sobre su joven pastor. La iglesia estaba creciendo muy rápido. Además de predicar, él estaba escribiendo. ¿No sería bueno que tuviese un lugar para retirarse, ...un escondite sin teléfono? ¿Más tiempo, aprobado por los oficiales, para escribir sin interrupción?

Preocupados. Esa es una palabra de «cuidado» de los líderes de la iglesia por su ministro. Pero ellos nunca pensaron en el desastre que se avecinaba, ni yo tampoco.

Muchos cristianos serios tienen su Biblia personal de estudio con notas tras notas, escritas directamente en una página tras otra. Pedazos de papel en pasajes especiales. Todo tipo de formas para llamar la atención, algunas con lápices, otras con marcadores de colores, rojo, amarillo, azul, verde.

Suponga por un momento que su Biblia personal de estudio fuese destruida, eso sería un desastre, ¿verdad? Lo sería, y lo sé porque eso fue lo que le sucedió a mi Biblia de estudio en mi escondite de tres y medio por tres y medio.

Como todo el mundo sabe, los equipos de aire acondicionado están construidos para vaciar su agua hacia afuera. Pero sin aviso, el aire acondicionado de mi escondite de escribir se volvió loco. Sin aviso, algo tapó su flujo normal, y entró lo que tuvo que haber sido torrentes de agua. Cayendo por el pasillo, inundando el piso, y mal de males para mí –y mi empapada Biblia de estudio.

Obviamente yo no debiera haber tenido un libro tan preciado en esa mesa debajo del aire acondicionado. Pero había escogido este lugar por una buena razón. A mí me gusta dejar mi Biblia de estudio abierta, donde pueda ver sus páginas subrayadas con colores. También me gusta echar un vistazo a las preguntas, exclamaciones, las notas aquí y allá.

Todos nosotros hemos tenido nuestros momentos catastróficos, cuando algo precioso se va de nuestras vidas para siempre. Un día, una hora, un momento terrible. Y este fue uno de mis momentos más terribles. Ese día, cuando abrí la puerta, allí estaba mi Biblia de estudio flotando en una piscina de agua.

Marcadores rojo, amarillo, azul, verde y notas escritas de negro estaban ahora flotando de mis páginas para mezclarse con los colores. Las páginas estaban tan mojadas que nunca podrían separarse. ¿Cuánto tiempo tomó todo esto? Nadie nunca lo sabrá. Yo había estado fuera por tres días.

Los expertos nos dicen que un período de tristeza es importante después de una pérdida importante. Pero ellos también nos dicen que este período no debiera prolongarse mucho. Yo sufrí, y por demasiado tiempo. Pero, acaso, ¿no me merecía alguna extensión de tiempo para estar melancólico y preguntarle a Dios *por qué*? Después de todo, aquí, en mi Biblia devastada, estaban las notas de cuatro años de clases del colegio. Toda la sabiduría de mi maravilloso maestro (al que le gustaba hablar de los ángeles conmigo), sus pensamientos fueron borrados permanentemente también. Mis notas bíblicas de las conferencias de seminario.

«¿Quién tiene males? ¿Quién tiene sufrimiento?... ¿Quien tiene los ojos rojos?» La Biblia dice (Proverbios 23:29-30) que es para ése que se detiene mucho en el vino. Pero yo puedo dar testimonio de esto: El también tiene males para aquel que se detiene demasiado tiempo antes de que su Biblia favorita se vaya en la inundación.

Entonces, un día sentí ese toque interior de nuevo. Un nuevo espíritu. Una nueva idea, casi como una voz, del centro más profundo de mi ser.

¿Por qué no compras otra Biblia, Charlie, para que tome el lugar de la favorita que se arruinó? Salva lo que puedas de la inundación. Luego, día tras día, mes tras mes, regresa sobre el terreno que has caminado. Haz nuevas notas, colorea de nuevo con rojo, amarillo, azul, verde. De esta forma, ¿no llegará el día en que conozcas tu Biblia dos veces mejor de lo que la conoces ahora?

¿Estaban los ángeles trabajando en algún lado en medio de esta saga de mi Biblia inundada? Yo no se.

Pero sí se esto, mirando unos setenta y ocho años para atrás, algunas de las cosas más difíciles que me hayan sucedido han tenido alguna bendición en alguna parte.

¿Supone que debe haber algún grupo especial de ángeles asignados para esparcir semillas en nuestra desesperación? Yo pienso que los debe haber...

Tan a menudo en los momentos oscuros –pequeños, grandes o catastróficos– puede ser que usted lo haya sentido también. Escondido en la pesada alegría, está el roce de un ala de ángel que viene a consolarlo y a animarlo; viene a mostrarnos cómo podemos sacar algo bueno de lo malo; viene a tornar la devastación en una victoria eventual.

«¿Por qué debo perder mi voz?»

H AY MUCHAS COSAS AGRADABLES sobre el ponerse viejo. Hay madurez, puede ver los días pasar y encontrar un patrón. Altas, bajas, adentro, afuera, y en círculos, llevándonos a algún sitio. Seguro que habrá algún recuerdo negativo. Pero si usted es un creyente cristiano, sabrá dónde ir y qué hacer con la melancolía. Entonces, habiendo «buscado del Señor» con eso, puede mirar a través del terreno del ayer y sonreír. Puede reírse también, y llorar un poco y «bendecir al Señor de quien vienen todas las bendiciones.»

Hay un suceso dramático en mi vida, el cual pensé que seguramente terminaría conmigo. Visto de cualquier forma, las noticias eran terribles. Un ministro joven tuvo un tumor en su laringe y yo era ese ministro.

El médico dijo: «Podemos removerlo, y debemos hacerlo. Pero aunque no sea maligno, el entrar en la laringe puede dañar sus cuerdas vocales. Esto puede silenciar su carrera como predicador.»

¿Qué puede hacer un predicador sin su voz? Una posición para mí, entonces, era en una tienda de carpintería. En la escuela superior, mi clase favorita era el trabajo con madera. Mi maestro de entrenamiento manual ponía sus brazos alrededor mío y decía: «Charlie, Dios te ha dado una reverencia especial por la madera.» A mi me gustaba eso: «reverencia por la madera». Y él tenía razón. Yo amaba el trabajar con madera y las herramientas, ajustando esto a aquello, creando utensilios de mi propio diseño.

O quizás podría ser un granjero. Cosechas y animales; esto también me gustaba. Pero en los años de la gran depresión, ¿quién tenía el dinero para comenzar una granja? Endeudado durante siete años por el colegio, ciertamente no estaba a mi alcance. Entonces estaba el llenar tanques de gasolina, ser dependiente en una tienda, repartir el correo. Pero aun así, todo esto, ¿no requeriría una voz?

Con la solución aún pendiente, manejamos a Omaha para la operación. Aún puedo recordar el verso que abrimos esa mañana en nuestro camino hacia el hospital. Salmos 34:4 «Busqué al Señor, y El me respondió, y me libró de todos mis temores» (B.d.l.A.) Un verso maravilloso, excepto que no funcionaba de esa forma para mí. Aquí estaba Charlie el testarudo, aún sostenido en los «terrible de los terribles.»

Sin embargo, las noticias posoperatorias eran buenas. Y me pregunto, ¿habrá palabras más hermosas que «No es maligno»? «Sin embargo», dijo el cirujano, «hemos tenido que profundizar. La predicción es aún cierta. Con su laringe tan débil, puede que usted pierda la voz.»

No la perdí, excepto temporalmente. En los años siguientes tuve días y semanas cuando apenas pude hacer algún sonido. Durante uno, dos o tres meses permanecía en absoluto silencio. Mientras miraba

ROCE DE UN ALA DE ANGEL

hacia el futuro sin voz y sin ingreso permanente, ese fue un tiempo difícil.

Ya que necesitaba cuidar mis cuerdas vocales, pasé muchas horas en mi taller de trabajo. Construyendo, planeando, considerando diseños de muebles que pudieran tener mercado. Trabajé desde mi banco. Y fue un gran día para mi cuando le vendí los planos de uno de mis proyectos a la revista *Mecánica Popular*. Algo grande. Mucha ganancia.

Más artículos con diseños salieron de mi tienda hacia el mercado de escritores. Luego, un día, surgió una luz. ¿Por qué no podía estar escribiendo otras cosas? Iba muy a menudo al estante de revistas. La Sra. Fowler tenía la tienda de periódicos y ya éramos amigos por algún tiempo. Dios bendiga su fértil imaginación. La Sra. Fowler solía decir: «Me gustaría ayudarte para que te conviertas en un escritor de revistas, Charlie. Así que siéntate en mi piso. Estudia y mira lo que los publicadores están comprando. Sigue adelante, toma notas, toma direcciones, escribe los nombres de los editores. Luego manda una carta inquisitiva y pregunta si estarían interesados en las cosas que a ti te gusta escribir.»

Gracias, Sra. Fowler. Hice lo que me sugeriste. Desde su lugar en el cielo, recordarás el registro. Vendí cincuenta y cinco artículos de revistas en esos primeros años. ¿Qué tal si hacían un promedio de once rechazos cada una? ¿Y qué? ¿Acaso no dice la Biblia, «. porque a su tiempo segaremos, si no desmayamos.» (Gálatas 6:9)

Lo próximo fueron los libros, dos de los cuales se convirtieron en éxitos de librería, los cuales vinieron a ser una suerte de dólares importantes como seguro, contra una garganta traviesa. Pero dólares también para compartir. Los cristianos creen que Dios tiene un plan para asegurar su Reino. Y creyendo en eso, abrimos una fundación. Una fundación dedicada a misiones agrícolas, a la compra de animales, y alivio del hambre.

Nuestros dólares fueron alrededor del mundo. De un proyecto a otro por muchas tierras: pollos y conejos, buey y puercos, caballos belgas y mulas, ovejas y cabras; a las Filipinas, a Tailandia, a Corea, a Zaire y Nigeria, a la India y Haití. Y en nuestro propio país vacas, caballos de cabalgar, puercos, abejas y pescados a una granja para niños retardados en Virginia.

¿Algo de qué sentirse orgulloso? No. ¿Algo de lo que debemos alabar al Señor? ¡Sí!

Gracias, Padre celestial, por la forma en que tu puedes cambiar un tumor en la laringe en una carrera de escritor. Gracias por la forma en que puedes cambiar una carrera de escritor en misiones. Inscríbelo en mi corazón y mantenme creyéndolo en lo profundo de mi ser...

«Gloria en lugar de ceniza,
óleo de gozo en lugar de luto,
manto de alegría en lugar del espíritu angustiado.»
Isaías 61:3

«¿Por qué me dejas estar tan avergonzado?»

*H*AY CIENTOS DE ACONTECIMIENTOS que pensamos fueron tan difíciles en su momento, ahora, cuando los recordamos, nos lucen como cosas menores. Algún día puede ser que nos sonriamos y digamos: «Algunos de mis momentos más vergonzosos, realmente no fueron tan malos.»

A los setenta y siete años, así es como me siento sobre mi carrera como estudiante de lucha libre de la escuela superior.

Hecho: un torneo en Iowa, de la Asociación Cristiana de Jóvenes (ACJ), hace más de sesenta años atrás. ¡Yo marqué un récord nuevo del estado! Marqué el récord de ser tirado a tierra más rápido en las finales, más que nadie en la historia del estado. ¡De plano sobre mis espaldas, controlado en *doce* segundos!

Durante los años he vuelto a luchar ese encuentro de campeonato de lucha libre, una y otra vez. Allí esta él de pie, Tub Wright, mi adversario. Con las manos puestas en alto, camino a una beca completa en la universidad Big Ten. Y allí estoy yo, de plano sobre mi espalda, mortificado.

Si usted fuera un fanático de la lucha libre en Iowa, comprendería el significado de la siguiente declaración: El alcanzar las finales del estado era y es algo impresionante. Hoy en día, la Universidad de Iowa gana el campeonato nacional regularmente. Cuando yo estaba en el deporte de la lucha libre, la universidad del Estado de Iowa lo ganaba a veces también.

Mi escuela superior no ofrecía lucha libre, así que me entrené en la ACJ, en una ciudad vecina. Largos viajes en autobús, largas lecciones del entrenador, largas horas de entrenamiento. Ha pasado mucho, mucho tiempo desde mi gran fracaso, sin embargo aún puedo recordar el momento como si hubiesen sido sólo doce segundos atrás.

«Tub» era un muchacho inmenso del campo del sur de Iowa y muy amistoso. Trabajamos juntos el verano próximo en el campamento de la ACJ. Para entretenernos durante las noches concertábamos y montábamos el programa de *Tub y Charlie*. Era muy divertido para el grupo nocturno, lleno de fanáticos de Iowa, de la lucha libre. A mí me gustaba. Especialmente cuando en ocasiones Tub ganaba, y en otras ganaba yo. Eso restauraba mi ego un poco. Pero siempre estaba el recuerdo dominante de que había perdido el campeonato estatal.

Sin embargo, otros recuerdos pasan rápido también, (como en doce segundos) para traer otras lecciones más permanentes.

¿Que valores de formación de carácter adquirí de esa sola derrota?

- Una genuina compasión por los perdedores y por aquellos que sufren burla.
- Un sentido de respeto por aquellos que son pequeños pero mucho, mucho mejor.
- Un entendimiento definido de que no siempre ganaré, ni tampoco necesito hacerlo.

Felicidades Tub. Tu fuiste el campeón estatal ese año, y te felicito. Pero mirando hacia atrás, ahora lo veo claramente –porque él nos ama–, el Señor puede tomar aún la humillación de un luchador de lucha libre de escuela superior y entretejer algo de carácter con eso.

Gracias, Señor, por lo súbito, lo dramático y lo inolvidable. Pero gracias también porque alguna de tus bendiciones parecen venir en carros de bueyes sobre las colinas del tiempo. Amén.

Cuando Jesús preguntó
«¿Por qué?»

«DONDE ESTABAS, PADRE, cuando oré desde el medio de mi dolor y no recibí contestación? Nada, sólo un silencio sepulcral. Ninguna ayuda. Ninguna ayuda de la tierra, del cielo, ni de ninguna parte. Ninguna ayuda en esta ocasión. Sólo agonía, lágrimas, y suma oscuridad del alma. Oscuridad de día, y más oscura aún la de la noche. Preguntas gritadas, lamento. ¿Dónde estás, Padre? ¿Dónde has estado con tu liberación?»

«Dios mío, Dios mío, ¿por qué me has desamparado?»
Mateo 27:46

¿Ha sentido los aguijones del rechazo, verdad? Las espinas de la pérdida, la cruz de la desesperación total. Desde la oscuridad de su tumba, usted se ha preguntado sobre el Dios que permite tal sufrimiento. Pero alabado sea su santo nombre. En lo profundo de nuestra alma, ¿no hemos, también, escuchado al ángel de la Resurrección con su anuncio sólo para nosotros: «No está aquí, pues ha resucitado»? (Mateo 28:6).

¿Cuando Jesús preguntó «¿Por qué?»

Capítulo

DOCE

Manteniéndose en forma para los ángeles
—Primera parte—

Hay un secreto para mantenerse
en forma para los ángeles.
Y para mí, este secreto de secretos
puede ser mejor resumido
en estas cinco palabras:

EL CRISTO QUE HABITA INTERIORMENTE

Una cena con mi Señor

UNO DE MIS VERSOS FAVORITOS de la Biblia es Apocalipsis 3:20: «He aquí, yo estoy a la puerta y llamo; si alguno oye mi voz y abre la puerta, entraré a él, y cenaré con él, y él conmigo.»

Suena tan simple, ¿verdad? «Cenar» en lenguaje bíblico usualmente significa la comida de la noche. Lo invitamos a cenar.

Un huésped tan atractivo. Después de la bendición, él comienza a hacer preguntas sobre nosotros. Muy cortésmente. Con los mejores modales. Pero ahora, al final de la cena, ¿a dónde se han ido todos los modales?

El se pone de pie y dice: «Vamos a mirar alrededor». Entonces él nos dirige en el camino, ¿has tenido en alguna ocasión un invitado como este? El levanta la alfombra. Polvo. El polvo de esta semana. ¿La semana pasada? ¿El mes pasado?

Lo próximo, sin ni siquiera preguntar, él encuentra el camino hacia la recámara. ¡Oh, no! El abre las gavetas, mira en el armario y debajo del colchón. ¡Que vergonzoso! ¿Acaso no lo invitamos tan sólo para *cenar*?

Luego, apenas podemos creer su próximo paso, va hacia el desván. Estos lugares lo fascinan, según nos comenta. Baúles viejos, cartas de amor, papeles de impuestos, revistas. Todo tipo de cosas viejas que hemos estado guardando, sólo para nuestros ojos y de nadie más.

«Ahora al sótano, amigos. Nada como un sótano. Especialmente el almacén.» Así que estamos en el almacén. Cajas con sus letreros: Memorias generales, Recuerdos preciosos, Recuerdos que debiéramos haber olvidado. ¿No se está volviendo esto muy personal? ¿Impertinente?

«Ven, Señor. Es hora del postre.»

«Gracias. No esta noche.»

De momento él se marcha.

«¿Se fue?» ¿Se fue permanentemente? No, se fue para darnos tiempo a pensar bien. ¿Pensar bien qué? Pensar bien en toda la magnitud de su declaración: «Yo estoy a cada una de las puertas y llamo. Conscientemente, subconscientemente, ego, superego, alterego. Cada parte. Sin excepciones. Sin excusas.

Nuestro Señor es un Señor al 100%. Y esta es la reclamación de un 100%

Yo deseo un ciento por ciento de acceso
a un ciento por ciento de ti.

¿Qué hay en esto para mí?

«PERO SI LE DOY AL SEÑOR todo lo que tengo, ¿qué queda para mí?»

Es una pregunta obtusa, que se escucha a menudo cuando hablamos sobre compromiso cristiano. Usualmente se hace en términos más suaves, pero el significado intrínseco siempre se encuentra igual. ¿Y por qué no invitar a Cristo dentro de *cada* habitación? ¿Por qué no observar cómo cambia de lugar los muebles, y cómo pone las cosas a *su* manera? Y finalmente, por causa de su insistencia, tenemos que ponerle un título al lugar. Nuestra alma ya no es más nuestra. Es de El.

¿Así que esta es la vida cristiana? ¿Yo le doy mi todo? ¿Todo? ¿Y que recibo a cambio? ¿Qué hay en esto para mí?

He aquí una respuesta. La respuesta más completa de la Biblia: Gálatas 5:22–23: «Mas el fruto del Espíritu es amor, gozo, paz, paciencia, benignidad, bondad, fe, mansedumbre, templanza.»

Investigando las interpretaciones de otros traductores, encontramos algunos atributos adicionales dignos de meditación. De varias versiones, los teólogos nos dicen que las palabras en el original significan, para ellos, lo que encontramos en la página siguiente.

Benevolencia
 Paciencia
  Fidelidad
   Indulgencia
    Auto restricción
     Dominio propio
      Lealtad
       Generosidad
        Confiabilidad
        Humildad

Directamente de El Libro, estas son las respuestas a nuestra pregunta, «¿Qué hay en esto para mí?»

¿Acaso no habrá otra respuesta? Una respuesta hermosa. Excitante.

Ya que los ángeles existen para representar a Dios
y servirlo, con el Cristo que habita interiormente,
realmente habitando dentro de nosotros,
seguramente que habrá más ángeles
dirigiéndose hacia nosotros.

El regreso de las pipas

¿El lo desea todo?
¿No nos estará pidiendo que dejemos todos,
aun nuestros pequeños y cómodos hábitos, verdad?
¿O acaso sí?

S I ALGUNO DE SUS VIAJES lo lleva a lo largo de la Costa este de los Estados Unidos de Norteamérica, he aquí una parada poco usual que ciertamente disfrutará. A medida que ve los letreros hacia la Isla Jekyll, en Georgia, está llegando a la Florida. Varias millas hacia las afuera en el Atlántico, usted podrá encontrar un fascinante intermedio en su itinerario. Este es un parque estatal, arreglado en todos sus detalles. Aquí podrá observar restaurados los «Antiguos Hoteles» y las «Cabañas de los Millonarios». ¿Cómo sería vivir en uno de esos lugares opulentos?

La Isla de Jekyll exhibe campos magníficos de golf, caminos para bicicleta y paseos. Los ciervos y los animales salvajes vagan libremente. Nueve millas de una playa blanca invita a los visitantes a caminar, con las conchas debajo de los pies, y pelícanos sobre la cabeza. Troncos flotantes y tortugas a lo largo de la orilla. Usted puede quedarse sentado mirando el océano, y quedarse mirándolo todo el tiempo.

Pero una de las atracciones más fascinantes en la Isla Jekyll es la habitación llamada «Los Rostros de Cristo», en la Iglesia Presbiteriana de la Comunidad.

Alguna vez se ha preguntado: «¿Cómo lucía, *realmente*, Jesús?» Sabemos que nadie lo sabe con seguridad. Sin embargo usted disfrutaría las posibilidades si se sentara en esta silenciosa habitación y meditara en los rostros.

Aquí hay un Cristo riéndose y uno que luce como un defensor de fútbol de Notre Dame. El que está más acá está en pantalones de mezclilla, y este otro en traje de negocios. Un Jesús negro, un Jesús indio, un Jesús Asiático, todos allí para su contemplación. Dibujos y pinturas, esculturas de piedra y metal, grabados en madera... ellos estirarán su mente y su alma.

Yo sé lo que esa colección puede hacer al corazón humano, porque yo la coleccioné. En aquel entonces yo era un joven pastor en Houston, Texas, organizando una nueva congregación que estaba creciendo a todo dar. Sucedía que estábamos localizados en una de las esquinas más estratégicas de nuestra ciudad. Pero esa era sólo una de las razones por la cual nosotros crecimos.

Dos compromisos básicos marcaron esta iglesia para hacerla «diferente». Primero, todo el mundo en nuestra membresía recibía oración cada día de alguien. Cosa que significaba, por la forma que era hecho, que cada miembro estaba orando por algún otro miembro. Por nombre. Cada día. Todos, sin excepción, orando y recibiendo oración.

El segundo compromiso era desafiante, un programa de misión de «Dólar por dólar». «Imposible», dijeron, «¡locura, demencia!»

Otros, en términos más gráficos, le llamaron: «Bancarrota por Jesús».

Sin embargo esto fue por lo que nuestra nueva

congregación votó, y eso fue exactamente lo que ellos hicieron. Con lo poco realista que suena, esta fue la promesa:

«Cada dólar que se gaste para nuestras propias necesidades, será igualado con otro dólar para las necesidades del Reino, más allá de nuestra congregación local.»

Y las personas vinieron. De todas parte de la ciudad vinieron para unirse a estas almas valientes que estaban orando y dando como nunca antes lo habían hecho. Así que oraban, y daban, y florecían.

Entonces comencé a preguntarme: ¿Cómo puedo crecer lo suficiente fuerte espiritualmente, para pastorear una iglesia como esta? Aunque me estaba divirtiendo en algunas formas, en otras, *yo no era lo que sabía que debía ser.*

Yo no conocía a mi Señor personalmente. Por supuesto que conocía a Cristo como la revelación perfecta de Dios. También lo conocía como la revelación perfecta de lo que yo debiera ser, y eso me ponía nervioso. Yo estaba seguro que El deseaba que fuéramos mejores amigos.

Así que decidí hacer algo al respecto. Oré mi oración de «tomar las cosas en serio», la oración más difícil que jamás haya hecho:

«Señor, enséñame qué debo hacer, y lo haré.»

Esa es una oración difícil. Es fácil orarla hasta la mitad. «Señor, lo que realmente quiero decir, es muéstrame qué debo hacer para poder decidir si realmente yo deseo hacerlo.»

Pero en esta ocasión, yo hablaba en serio. «*Muéstrame, y yo haré aquello que tú me muestres.*» Lo que El me mostró fue una gran idea.

Yo estaba paseando por el sector de cuadros de una librería cristiana. A mí siempre me han gustado en especial los retratos de rostros interesantes. Dibujos, pinturas, obras de arte, calendarios, acuarelas, pasteles y óleos; cualquier rostro interesante. Me gusta. Allí entre los rostros de Jesús había uno que nunca había visto antes, y me gustó. Tomándolo, le di un golpe al marco y dudaba. Luego cuando lo solté, «el asunto de la mano» sucedió de nuevo. Yo le llamo «el asunto de la mano» porque me ha sucedido tantas veces que yo sé que esto puede ser que sea una señal. Por un momento, a veces unos solos segundos, a veces minutos, mi mano parece dudar. *Espera.* Así que esperé. Dejé mi mano donde estaba y escuché. En ocasiones, desde lo más profundo de mi ser escucho un susurro. ¿Es esta la voz del Señor? ¿Es un ángel? En esta ocasión, con mi mano sobre el cuadro, yo escuché:

«*¿Charlie, por qué no comienzas una colección, "Los rostros de Jesús", ahora mismo, comenzando con esta?*»

Ese próximo domingo le dije a mi congregación lo que estaba planeando, y los invité a participar. «Si usted tiene un rostro de Jesús favorito y nos lo puede prestar temporalmente, tráigalo. Vamos a colgarlos a todos y disfrutarlos juntos.»

Mi estudio era una habitación grande con suficiente espacio en la pared para muchos cuadros. Así que trajeron los suyos y yo colgué el mío. Entonces, por causa de ser tantos los que contribuyeron, organizamos un comité de los cuadros de los Rostros de Jesús. Cada tres meses ellos lo volvían a organizar, colgaban los nuevos, devolvían los prestados, planeaban exhibiciones especiales, etc.

Usted ya ha adivinado lo que me estaba sucediendo. Cada día, cuando miraba hacia arriba, veía esos rostros de Jesús, mirándome. Luego, gradualmente, cada cuadro parecía tomar un rasgo de carácter en particular. Honestidad. Ternura. Valentía. Buen ánimo. Amor. Paciencia. Misericordia. *Sacrificio. Compromiso. Renunciación.* Estos tres últimos finalmente se encargaron de mi pipa.

Una de mis diversiones favoritas durante esos días era el fumar mi pipa. Yo no se realmente cómo comencé a hacerlo, pero de alguna forma las pipas de tabaco siempre me han fascinado. Pudo haber sucedido por allá, en los tiempos de mi noviazgo, cuando amaba observar a mi suegro irlandés con su pipa. Casi con reverencia él limpiaba su pipa, la llenaba, chupaba de ella y echaba anillos de humo con perfección absoluta.

Yo había creado un hábito que disfrutaba completamente. Y los fumadores de pipa en mi congregación me mantenían bien suplidos con pipas nuevas, más su tabaco favorito.

Un día, mientras estaba estudiando mis cuadros de los rostros de Jesús, sucedió. Escuché esa voz de mi interior de nuevo.

«*¿En cuáles de estos rostros luciría bien una pipa?*»

Desde ese momento comencé a entender que mis pipas tenían que irse.

Pero no enseguida.

Durante varios veranos pasamos nuestras vacaciones en Playmore Beach, en las Rocallosas; un pequeño retiro para familias en el Lago de Ozarks. Ensenadas protegidas, grandes muelles, natación ideal. Ahora estábamos allí, de nuevo, y, como siempre, yo había traído mis pipas conmigo. Le dije al Señor: «Yo realmente lo he dejado, ¿sabes? Pero esta son las vacaciones, ¿verdad? Lejos de la colección de los Rostros de Jesús, lejos del grupo de los jóvenes y todos aquellos que yo pueda influenciar. ¿Qué tiene de malo el soñar con mi pipa aquí?»

Saqué mi caja de pipas y las tomé una por una. Pero al tomarla me recordé de «la mano». Y el concepto «mano» me recordó a las «manos del Señor.» Y «la mano del Señor» me recordó del susurro. Y «el susurro» decía: «¡Entrégamelas!»

Usted ya sabe lo que sucedió. El Señor y yo reñimos. Llegamos a un acuerdo de una vez y por todas. A su manera.

En la mañana señalada yo tomé mi caja de pipas; mi amada caja de pipas con todas esas pipas maravillosas adentro, y remé al medio del lago. Al fin, a un kilómetro de mi cabaña, levanté suavemente la caja y la dejé caer por el costado del bote. «Adiós, mis pobres amadas. Esto lo estoy haciendo por el Señor, y este es un adiós definitivo. Descansen en paz.»

Sólo que ellas no lo hicieron.

La próxima mañana, ¿dónde supone que estaban mis pipas? ¡Ellas habían llegado a mi playa, justo en frente de nuestra cabaña!

Había cien cabañas adonde pudieron haber naufragado –¿o eran doscientas? Habían viajado un kilómetro. ¿O serían varios kilómetros brincando en el lago, antes de decidir regresar a casa?

Puede imaginarse la conversación tan larga que tuvimos ese día Martha y yo. Ella sabía cuánto yo amaba mis pipas y cuánto deseaba retenerlas. A ella le gustaban también. La hacían recordar a su padre. Ahora yo argumenté de nuevo. ¿No podría, acaso, retenerlas al menos como recuerdo de algo increíble? ¿Será que habré tomado la decisión equivocada? ¿Habré sido extremadamente pío sobre los rostros de Jesús?

Una y otra vez discutí, pero siempre regresaba a las palabras crueles: renunciación, entrega, compromiso.

La mañana siguiente, mientras apenas había amanecido, remé de nuevo al medio del lago. Martha conmigo en esta ocasión, para sostener mi mano. Con la otra mano, una a una, tome cada pipa, y tiré esa amiga en particular por la borda, y observé como se hundían hasta el fondo del lago.

«Aquí las tienes, Señor. En esta ocasión son tuyas.»
Los rostros de Cristo han hecho su trabajo.

Hoy en día, la colección de los «Rostros de Jesús» están en un salón especial construido con ese propósito en la amorosa Iglesia Presbiteriana de la Comunidad de Jekyll.

Si usted va algún día por el área, visítelo y véalo. Solo tengo que darle un aviso. Si usted recibe el mensaje de todos los rostros, puede que nunca vuelva a ser el mismo.

Eternamente, este es su llamado a nosotros: *«Todo lo que deseo es todo tu ser para todo mi ser.»*

«*Dios tiene aspiradoras celestiales
que sus ángeles pueden usar
para sacar todos los venenos, toxinas e infecciones
en nuestras almas y cuerpos. Así que invitemos
al Señor a enviar un cuerpo de ángeles limpiadores,
y ponerlos a trabajar ahora mismo. Ya que son invisibles,
ellos pueden penetrar en cualquier bolsillo
o área escondida de nuestras vidas,
y prender sus aspiradoras celestiales.*»
Glenn Clark

Capítulo
TRECE

Manteniéndose en forma para los ángeles
—Segunda Parte—

Cuando Pedro comenzó a mover su espada para arreglar las cosas, Jesús lo detuvo: «Si yo necesitase tu tipo de ayuda, podría llamar a doce legiones de ángeles, y ellos vendrían inmediatamente.»

Este es el tipo de Señor que desea vivir dentro de nosotros, pero El insiste en vivir a su manera en nuestros corazones.

Los principios

ALGUNO DE MIS AMIGOS aún me dicen que la vida con el Cristo interior es simple. Invítalo adentro, dale las llaves, y El se encarga del resto. Fácilmente.

No es de esa forma conmigo. En cualquier momento que yo desee las llaves de regreso, El me las alcanza. El se va y el lugar es mío de nuevo. Así que, ¿qué puedo hacer para que este compromiso perdure?

Para mí hay tres ayudas principales para llegar a ser consistente. Aquí no están presentadas en el orden de importancia. En vez, yo las veo como parte de un todo, y comenzaremos con El Libro.

Primer principio: El Libro

Mientras más fiel sea a mi estudio bíblico, más sentiré que Dios entra en mi alma para obrar en mí y a través mío. Y yo me vuelvo más alerta al roce del ala del ángel, un ángel viene a bendecirme y usarme.

Leyendo, estudiando, pensando. Desde Génesis a Apocalipsis, yo hago mi peregrinaje a través del Antiguo y del Nuevo Testamento. A medida que viajo por esas rutas, aprendo las formas que Dios tiene para hacer las cosas. Yo veo lo que El ha logrado con otras personas. Pero más aun, también entiendo claramente lo que puede hacer con personas corrientes como yo. También aprendo, cómo desea que coopere con El.

Estoy agradecido a los maestros de la Biblia por todo lo que me han enseñado. Pero a una mente como la mía, Dios le habla en lenguaje claro todos los días. En un verso, un capítulo, o aun en una sola palabra, El me enseña.

Así que esto he aprendido. Mientras más fiel sea a mi propio método de diseño de estudio bíblico, mejor me va. ¿Por qué? Porque a medida que estudio, Dios habita en mi alma y trae a sus ángeles conmigo.

El Salmo 119:11 es una gran declaración de «cómo» para aquellos que creen en los ángeles. «En mi corazón he guardado tus dichos». ¿Lo he hecho?

Segundo principio: la oración

Mientras más oro, más entiendo al Señor
y cómo El hace las cosas.

La oración es una conversación con el Señor. La oración es un diálogo. La oración es compartir. Es mi conversación y la suya. Para esa vida más profunda con Dios tengo que tener momentos de tranquilidad interior, alineando mi dirección con la suya.

Nuestro mundo es de prisa, prisa, ¿verdad? ¡Zip, zam, zow! Medimos el éxito por cuánto y cómo. Pero

ROCE DE UN ALA DE ANGEL

este cansancio y la carrera frenética no es nada nuevo.

La presión era una amenaza constante para el Maestro también. Empujones y bullicio. En cinco ocasiones los Evangelios nos dicen que Jesús no pudo lograr lo que deseaba hacer «por la presión» de la gente. La «presión» como en urgencia. «Presión» como en presión de afuera y de adentro. Como en un círculo familiar, ¿no·es cierto?

«Y se agolpó de nuevo la gente, de modo que ellos ni aun podían comer pan» (Marcos 3:20).

Así que, ¿cómo manejaba Cristo la presión y las multitudes? El se iba solo, a cierta montaña, al huerto, al aposento alto, al muelle.

¿Por qué?

Buscando tiempo a solas con el Padre.

Por supuesto que podemos conocer al Señor en el mercado. Si le preguntamos, El estará con nosotros en nuestras ocupaciones. Pero para muchos, esto es cierto: podemos sentir a Dios mejor en los empujones y tirones cuando hemos tomado el tiempo de estar con El *a solas.*

«Mas tú, cuando ores, entra en tu aposento, y cerrada la puerta, ora» (Mateo 6:6).

¿Cuál es el mejor día en la vida de oración de cualquier persona? Pienso que es cuando cambiamos nuestro énfasis de «yo» a «tu». Ahora, en vez de pedirle a Dios que conteste nuestras oraciones, oramos: «Señor, deseo contestar tu oración original por mí en el día de mi creación. Y que pueda aprender a ayudar a otros a contestar tu oración por ellos también.»

Tercer principio: el amor

*Mientras más amo y más trabajo en amar,
más escucho el susurro de Dios.*

Muy a menudo me requiere una férrea disciplina para amar como Jesús amó. Mientras observo, lo veo concentrado en cada individuo. Y yo necesito eso. Una de las disciplinas más difíciles para algunos de nosotros es el concentrarse en *una persona a la vez*. Sin embargo, cuando miramos las actitudes de Cristo hacia las personas, lo vemos amando a los varios segmentos de la humanidad. Rasas, clases, tipos, escalas sociales, e individuos. Los amó a todos. No; El no *simpatizaba* con todos ellos, y no nos llama a hacer eso tampoco.

Pero, ¿amar? Sí. «Por amor del cielo, Señor, ayúdame a amar como tú amaste al individuo, al grupo, al mundo.»

Jesús dice, «Este es mi mandamiento: Que os améis unos a otros, como yo os he amado» (Juan 15:12).

Esto es lo que tengo que mantener delante de mí como los tres factores principales a un compromiso cristiano: Estudio bíblico, oración y amor. Y la mayoría de mis amigos dirían, «¡Yo también!» Sin ellos, no conoceremos a Cristo habitando en nuestro interior, el poder de Dios o el roce del ala de un ángel. Con ellos podemos conocer las tres cosas.

Vé a donde se necesite
más del amor

ANTES DE COMENZAR CON lo que yo llamo «Mis preguntas al espejo», deseo compartir con usted uno de los testimonios más hermosos que he escuchado, sobre el amor ilimitado de Dios.

Ella era una abuelita muy anciana, más de noventa años, y en la condición que todos desearíamos tener a los noventa. Estaba sentada junto a mí en un vuelo a la Florida. Un bisnieto estaba jugando pelota profesional ese año, y él le había enviado el boleto de vuelo para que lo fuera a ver jugar. Al siguiente año él esperaba estar en las grandes ligas. Ella estaba segura que él lo lograría también.

—…Tan buen muchacho… —dijo ella. —Es uno de mis cincuenta y seis bisnietos.

Por la forma que lo dijo, sabía que ella deseaba que le hiciese algunas preguntas. Así que lo hice.

—¿Y cuántos hijos le tomó para llegar a tantos bisnietos?

—Trece. Luego veintisiete nietos y cincuenta y seis bisnietos.

—Repítalo de nuevo. ¿Cuántos en total?

—Noventa y seis —contestó brillando. —Y ya que está interesado, le puedo dar todos sus nombres. ¿Le gustaría escucharlo?

—Me gustaría.

Y ella lo hizo. Trece. Veintisiete. Cincuenta y seis. Cariñosamente, los nombró a todos.

—¿En orden? —le pregunté

—Sí —dijo ella, —En orden.

—¿Cómo puede hacer esto? Navidades y cumpleaños, fechas especiales y todas las cosas que las abuelas necesitan recordar. Tiene que tener algún secreto, ¿verdad?

—Oh, sí. Lo tengo —contestó con voz risueña la anciana. —Los aprendí cuando los míos eran pequeños. Cuando su papá se fue, yo era todo lo que ellos tenían. Así que con mis trece, le pedía al Señor cada día que me ayudara a amar a cada uno con un 100% de mi amor. Pero eso no fue todo. Cada día yo los estudiaba hasta el medio día. Luego, cuando podía ver cuál necesitaba un 200%, le daba a ese en particular un 200%. Así es como lo hice en ese entonces, y esa es la forma que aún lo hago, con fuerza; cerca de cien, juntos, en mi corazón. Oro por cada uno diariamente. En ocasiones las personas me dicen: «Tu no puedes amar más de un 100% a la vez». Pero eso no es verdad, ¿no es así? Lo que ellos no saben es que cuando le pides ayuda al Señor, El simplemente te da más y más porcentaje. Después de todo, usted sabe que es verdad, Dios tiene todo el porcentaje necesario.

Muy cierto, Abuela. Necesitaba que me lo recordase. Yo me apuro y me preocupo. Me molesto y me alboroto. Trato de hacer demasiado, demasiado bien, y todo porque muchas de mis puertas interiores están cerradas al llamado de mi Señor. Desde este día en adelante, te voy a enmarcar, Abuela, en mi alma. Y cada vez que te vea allí, recordaré tu mensaje. *Dios sí tiene todo el porcentaje necesario.*

Este es un hermoso testimonio del amor ilimitado de Dios.
El tipo de amor que Dios desea que tengamos.
El tipo de amor que le da a Dios
la oportunidad de amar a través nuestro.
El tipo de amor que abre el camino
para otro roce de un ala de ángel.

Preguntas personales al espejo

«Alma, te afliges aquí y allá.»
San Agustín

LOS GRANDES SANTOS DE LA historia parecen compartir este rasgo: ellos fueron expertos en autoexamen.

Ciertamente podemos sobreestudiar lo que está sucediendo dentro nuestro. Pero, ¿podrá eso ser alguna vez cierto, si estamos pasando revista a las motivaciones correctas? Y no será esto siempre la razón correcta: el medirnos a nosotros mismos por la vida y el espíritu de nuestro Señor.

Así que aquí hay algunas de las preguntas de Charlie para Charlie. A estas preguntas las comparto con usted; no para que las haga suyas, usted hará bien en tener las suyas propias. Las mías son para mí. Ellas revelan los caminos de mi alma, en necesidad de revisión continua y reparación.

Algunas selecciones de mi lista:

1. ¿Me he estado enfrentando con todo mi ser en un autoanálisis?

Mirando hacia atrás, en mis propias experiencias poco usuales, puedo ver esto claramente: el Señor no espera que yo logre verdadera santidad antes de usarme. En ocasiones, los ángeles vienen cuando estoy confesando mis faltas, encarando algo feo de tiempo, minando el túnel del ayer, determinando por hacerlo mejor. Sus ángeles parecen simpatizar con estas cosas. El arrepentimiento es el primer paso en el camino de regreso a casa.

Una ley segura del alma: mientras más me vacío de lo negativo en mí, más puede llenarme El con su presencia positiva.

2. ¿Estoy constantemente afilando mi intelecto y agudizando así la mente que Dios me dio?

Una mente inquisitiva tiene que ser uno de los raros dones del Señor. ¿Estoy leyendo lo suficiente para que la Mente Divina pueda pensar nuevos pensamientos a través de mí? Estudio bíblico, sí, pero, ¿clásicos espirituales y escritos devocionales también? Necesito a todos ellos en mi biblioteca personal.

Sin embargo eso no es todo. ¿Estoy leyendo lo suficiente para diversión, buen rato, simple entretenimiento? ¿Estoy afilando mi mente, escuchando a buenos oradores, atendiendo conferencias, seminarios, talleres, uniéndome a un grupo? ¿Estaré dispuesto a escuchar nuevas ideas y exponerme a mí mismo a diferentes opiniones?

«Señor, ayúdame a estar siempre alerta para alertar mi mente para ti.»

3. *¿Estoy tomando buen cuidado de mi cuerpo? ¿Estoy comiendo correctamente, durmiendo correctamente, y haciendo los ejercicios necesarios? ¿Estoy manteniéndome en una buena condición física?*

Puede ser que yo haya sido un excelente jugador de fútbol americano, si no hubiese sido naturalmente perezoso. Y aquí estoy a los setenta y ocho, aún tratando de no ser vago. *Yo sé* todas las cosas buenas que debiera estar haciendo. Ejercicios aeróbicos, levantando pesas, caminando, jugando tenis. «¡Levántate! ¡Hey, tu, saco de papas!» Así que oro: «Señor, ayúdame a cuidar este cuerpo saludable que me has dado.» Y cuando sigo esa oración con acción, mi sensitividad espiritual parece elevarse.

Es un buen verso para la cartelera de mi alma:

«¿O ignoráis que vuestro cuerpo es templo del Espíritu Santo..?» 1ª Corintios 6:19.

4. *¿Estoy ministrando en el nombre del Señor a aquellos que necesitan el toque de su mano a través de la mía? ¿Me estaré volviendo más y más, el tipo de misionero que un ángel pudiera usar para bendecir a alguien en necesidad?*

¿No debiera ser «Misión» el segundo nombre del cristiano? Egoísmo es la antítesis de la vida del Señor. Por temor de Cristo, yo necesito estar revisando constantemente mi misión y propósito.

5. ¿Acaso la entrada triunfal de Cristo en mi vida incluye su entrada triunfal a mi bolsillo?

Hecho duro: Yo vivo en un mundo de gran necesidad. Cada dólar, cada centavo que tengo es un don de su Mano Divina. Pero, ¿será este un don para retener o para compartir? Bíblicamente, sólo hay una respuesta: el Señor no me necesita como un banco. El me desea como un lugar fluyente de sus bendiciones para otros.

6. ¿Estoy pasando tiempo adecuado en la casa?

El Hijo del Hombre no tenía dónde reposar su cabeza, pero yo sí. ¿Habrá una esposa solitaria en mi casa? ¿Un esposo buscando amor? ¿Estamos dando oportunidad a la unión? ¿Están recibiendo mis hijos de mi parte toda la paternidad que necesitan? De hecho: mientras mejor amemos en nuestro propio hogar, mejor podremos amar afuera en el mundo.

7. ¿Hay suficiente música en mi vida en estos días?

A capella o con instrumentos, alabanza y lamento, trompeta y arpa, timbal y tambor, todos están adentro del Libro. El rango de propósito y lugar para la música en la Biblia es casi inagotable. Pero también lo soy yo. Las grandes obras de los grandes artistas; las baladas populares de los artistas rancheros y del oeste; himnos y cantos de niños; todos me gustan, acompañados de grandes bandas de bronces, piano, guitarra, tamboriles, acordeón, armónica de madera, cajas de músicas. Usted la menciona, y a mí me gusta. Inclusive me gusta cantar con la música en mi estudio. (Mi familia también prefiere que yo cante solo en mi estudio). Pero no importa el tipo de música, esto sé: con la ayuda de la música, me mantengo a tono con la música en mi alma.

«Gracias, Señor, por poner tanta música dentro mío. Ayúdame a mantenerla en armonía contigo.»

8. ¿Estoy desarrollando mi amor por la naturaleza?

Jesús amaba la naturaleza. El mar, el cielo, las flores, los árboles, ríos y lagos, nubes y viento, pájaros y zorras, montañas y colinas. Jesús aprendió de todo esto, y lo enseñó. ¿Acaso mi emoción por todas las maravillas de Dios abre el camino para que El haga más de sus maravillas en mí y a través mío?

9. ¿Estoy tomando suficiente tiempo para mis pasatiempos?

Amo a los animales: caballos, mulas, potros, conejos, perros, pollos. Los he tenido y criado a todos. Y he aquí un hecho fascinante: muchísimos de mis sucesos extraordinarios han sido asociados con animales. ¿Qué quiere decir todo esto? Pienso que tal vez puede estar significando que «Dios usa nuestros intereses especiales para obrar a través nuestro.»

Entonces a mi pasatiempo favorito: trabajar con madera. Cuando vayamos al cielo, ¿no habrán sesiones para aquellos que aman la madera? Imagínense, aprendiendo directamente del Maestro en carpintería. Con todo el tiempo para aprender de El, le daremos forma, edificaremos, terminaremos a la perfección. Esto realmente será el cielo para mí.

10. ¿Saco tiempo para hacer algo en realidad?

«No se quede ahí sentado. ¡Haga algo!»
«Las manos ociosas son las herramientas del diablo.»
«Siga adelante.»
Estas son palabras que una vez dije en alto. Pero ¿qué tal de este consejo cuando viene del Antiguo y Nuevo Testamento?:
«Estate quieto y conoce.»
«Estudie para estar callado.»
«Me guía junto a aguas de reposo.»
Esto también lo necesito a menudo y mucho.
«Señor, enséñame el arte del reposo santo.»

«El tiempo para disfrutar lo perdido,
no es tiempo perdido» –Maslow.

Diez. Son suficientes para que usted aprecie lo que quiero decir con «Preguntas personales al espejo.»
Ya ha percibido que esto no es un programa de seis semanas para mejoramiento espiritual.
Sin embargo he aprendido esto, y usted también lo aprenderá:

Mientras más trabajamos para alcanzar
el propósito que el Señor deseó para nosotros,

a esa medida El hará posible que alcancemos
su propósito en nosotros.

Y esto también es verdad:
Mientras más trabajamos para lograr su propósito
en nosotros, con esa misma intensidad
los ángeles vienen a ayudarnos a lograr
su propósito en nosotros.

Capítulo
CATORCE

Un toque de la maravilla del mañana

«Obra del Señor es esto, admirable a nuestros ojos.»
Salmos 118:23 (B.d.l.A.)

Las latas pueden
llamar por teléfono

S I USTED HA MANTENIDO un interés por largo tiempo en los ángeles, estos serán días que lo llenen de emoción. Todo a nuestro alrededor hay una creciente curiosidad sobre los sucesos extraordinarios. Artículos de revistas, historias de periódico, dramas y musicales, donde quiera que lo vemos es un hecho. De repente, los ángeles, los milagros y las cosas inexplicables acaparan el centro del escenario.

¿Qué significa todo esto, este interés fresco en los ángeles? ¿Es tan sólo un tirón más de un mundo cansado buscando por aventuras? ¿O es una indicación de que nuestra era añora seguridad?

Cualquier cosa que sea, lo veo como una señal de esperanza. Desde que yo tenía trece años –desde mi rescate del peligro de ahogarme en la tubería de agua– he creído esta maravillosa promesa de la Escritura: «..la tierra estará llena del conocimiento del Señor, como las aguas cubren el mar» (Isaías 11:9, B.d.l.A.)

Ninguna mente humana puede posiblemente apreciar todo lo que esto significa. Pero vi algo los otros días que me dio un toque de las maravillas del mañana.

Me encontraba mirando a dos de los niños de mis vecinos jugando con «Teléfonos de lata». Cada uno de ellos tenía una lata, y un cordón largo estaba bien estirado entre ambas latas. La hermana estaba en el balcón, el hermano detrás de un árbol. Afuera, en el patio, él tiraba del cordón hasta el máximo, y comenzaron a hablar. Primero gritando, luego con voz normal, luego bajándola hasta un susurro.

Ellos son buenos amigos míos, y vieron que estaba observándolos.

—¡Realmente, se escucha! —me gritaron, y yo sabía que ellos estaban escuchando. Yo lo sabía por mi propia experiencia. Cuando éramos niños, mi hermana y yo jugábamos con lo mismo

Yo le pedí a uno de mis amigos científicos que me explicara. El me dijo: «La lata resuena, y casi cualquier cosa que esté bien estirada puede llevar la reverberancia.»

Mientras meditaba en el juego de los niños y la observación de mi amigo, este pensamiento seguía viniendo a mi mente: «¿Realmente *necesito* saber "cómo" funciona la increíble red de Dios? Quizás para mentes como la mía, sea suficiente el estar sorprendido y agradecido.»

El salmista escribió: «Tal conocimiento es demasiado maravilloso para mí» (Salmo 139:6).

Lo es, ¿no es cierto? Demasiado maravilloso para ti y para mí juntos. Demasiado maravilloso de comprender con el alcance de la mente humana como está hoy.

Así que, ¿cuándo conoceremos todo lo que nos gustaría conocer sobre los milagros y maravillas de Dios? Algunos de ustedes, que son más jóvenes, conocerán mucho más sobre «las cosas demasiado maravillosas» a medida que envejecen. Pero para aquellos que creen en las promesas de El Libro, hay otra respuesta.

Cuando lleguemos al cielo, conoceremos. Allí tendremos oídos para escuchar claramente, mentes para entender completamente, nuevos corazones para comprenderlo todo.

Y en esta comprensión total, pienso que veremos otra cosa. Veremos que

Todos nosotros en la tierra no somos, primeramente,
cuerpos con almas.
En primer lugar somos almas con cuerpos.

Es cosa pequeña que nos confundamos tratando de producir milagros por nosotros mismos. Olvidamos que hemos nacido para cooperar con Dios, para trabajar en su plan, en sus maravillas.

Me emociono frente a las maravillas de la tecnología de hoy. ¿Pero qué tal *esto* para que sea algo que estire nuestras mentes?

Todos los avances científicos de nuestros días en todos los campos, todas las nuevas revelaciones para comprender la humanidad, todas las nuevas novedades en comunicación, cosas que hemos visto en nuestros días, y aquellas que nuestros hijos y nietos verán... cuando sean comparadas al plan original de nuestro Creador, todo esto, todo junto parecerá como un hermano y una hermana, jugando con un simple cordón bien estirado entre dos latas «telefónicas».

«Mas hablamos sabiduría de Dios en misterio,
la sabiduría oculta, la cual Dios predestinó ....
Antes bien, como está escrito: Cosas que ojo no vio,
ni oído oyó, ni han subido en corazón de hombre,
son las que Dios ha preparado
para los que le aman.»
1ª Corintios 2:7-9

Invitación

Del autor al lector:

En su memoria, ¿tiene usted algún suceso extraordinario o algún roce misterioso de un ala de ángel?
Cuéntemelo. Hagamos un libro sobre:

Más roces de un ala de ángel

Me gustaría escuchar acerca suyo. Envíe sus historias a:

Dr. Charlie Shedd
Servant Publications
P.O. Box 8617
Ann Arbor, Michigan 48107